河海大学社科精品文库

效率导向下水权市场交易机制设计与政府责任研究

潘海英　郑垂勇　袁汝华　著

科学出版社

中国　北京

内 容 简 介

本书针对最终用水户间的水权市场交易机制设计与政府责任问题开展研究。围绕如何组织水权市场，即水权市场交易机制问题提出包括市场交易制度在内的若干因素，建立水权市场交易机制设计实验研究的理论框架。进一步地，应用实验经济学方法建立虚拟水权交易市场，比较不同交易制度下水权市场效率，以及水权成交数量和成交价格的差异，并考察交易成本、市场势力、跨期存储因素及其交互组合对水权市场运行效果的影响。同时，从经济责任、社会责任两个维度建构水权市场建设中政府责任的分析框架，探讨中国特色水权市场建设中政府责任的实现。

本书适合水资源经济学研究者、实验经济学研究者、水行政主管部门及相关政府部门管理者参考阅读。

图书在版编目（CIP）数据

效率导向下水权市场交易机制设计与政府责任研究 / 潘海英，郑垂勇，袁汝华著. —北京：科学出版社，2020.9

ISBN 978-7-03-063004-9

Ⅰ. ①效… Ⅱ. ①潘… ②郑… ③袁… Ⅲ. ①水资源管理-市场机制-研究-中国 ②水资源管理-政府职能-研究-中国 Ⅳ. ①F426.9 ②TV213.4

中国版本图书馆 CIP 数据核字（2019）第 253928 号

责任编辑：魏如萍 / 责任校对：严 娜

责任印制：张 伟 / 封面设计：正典设计

科 学 出 版 社 出版

北京东黄城根北街 16 号

邮政编码：100717

http://www.sciencep.com

北京建宏印刷有限公司 印刷

科学出版社发行 各地新华书店经销

*

2020 年 9 月第 一 版 开本：720 × 1000 1/16

2020 年 9 月第一次印刷 印张：11 1/2

字数：228 000

定价：102.00 元

（如有印装质量问题，我社负责调换）

前　言

在我国，水资源属于稀缺性自然资源且在空间上分布不均，当前大部分地区面临严重的水资源短缺问题。随着经济社会快速发展，水资源供需矛盾将更加尖锐，因此，我国迫切需要建立一种利益转移机制来实现水资源使用效率的提高，以及地区社会经济的和谐发展。自 21 世纪初政府部门及理论界开始探索利用市场机制进行水资源优化配置之后，水权市场的培育和建设成为 2011 年中央一号文件，党的十八大、十八届三中全会和五中全会，以及党的十九大的政策导向，也是建立完善国家水权制度、充分运用市场机制优化配置水资源的有力举措。在当前政策环境下，水权市场发展成为社会各界关注热点之一，也是资源环境领域的研究热点之一。结合该流域学术研究进展，我们认为有必要继续深入进行水权市场建设问题的理论研究和探索，这对于推动水资源管理改革进程和促进水权市场健康有效运行具有现实意义。

实践中，截至 2020 年 6 月，成立于 2016 年 6 月 28 日的中国水权交易所已促成水权交易 334 笔，国家水权试点工作已于 2017 年底验收完成。然而，水权市场运行的效果如何？哪些因素对水权市场运行有效性有促进抑或制约作用？由此，便衍生出“如何评估我国水权市场运行的真实效果”这一现实问题。理论上，水权市场作为进行水权交易的场所和制度的综合，包含交易机制、交易主体、交易标的等要素，其中交易机制是核心决策变量之一，因此，设计有效的交易机制以保证水权市场效率是我国水权市场建设中的一个关键问题。同时，党的十九大报告也强调指出，“必须坚持和完善我国社会主义基本经济制度和分配制度，毫不动摇巩固和发展公有制经济，毫不动摇鼓励、支持、引导非公有制经济发展，使市场在资源配置中起决定性作用，更好发挥政府作用”[①]。因此，在水资源管理改革暨水权市场建设这一领域，离不开政府的总体设计和组织领导，离不开政府责任的履行及其作用的发挥。基于上述分析，又考虑到我国水

① 源自《决胜全面建成小康社会 夺取新时代中国特色社会主义伟大胜利——在中国共产党第十九次全国代表大会上的报告》。

权市场总体上分为三个层次，即跨地区、跨行业或跨部门、跨农户水权市场的实际情况，本书主要针对地区水权市场，即最终用水户间的水权市场交易机制设计与政府责任问题开展研究。

具体研究中，在对国内外文献进行系统梳理的基础上，本书主要借鉴了水权、交易成本、外部性、利益相关者、政府责任等相关理论，并采取规范分析、实验经济学、定性与定量分析等多种方法进行综合研究。本书共七章，分为四大部分，各部分内容具体如下。

第一，以 2011 年为界限，分两阶段梳理我国水权市场发展概况。从水权市场发育程度、政府和市场机制作用发挥、制度建设等方面剖析当前我国水权市场建设中面临的现实困境；以经济学理论为基础并结合国情条件，从现有法律法规对水权的界定、水权初始分配、水权交易成本、水权交易外部效应等维度解析水权市场困境产生的成因及其不利影响。基于利益相关者理论，探讨水权交易领域各利益相关主体的利益诉求，找准多元主体之间的利益冲突焦点，构建水权市场建设中多元主体之间的利益博弈分析框架；针对水权市场建设中多元主体利益冲突背后的行为偏好，明晰化解利益相关者之间矛盾和冲突的关键，并提出实现各利益相关者利益共赢的路径。特别地，本书在附录部分将选取国家水权试点——疏勒河流域作为研究区，对该流域水权市场建设中各利益相关主体的利益冲突和平衡进行具体分析。

第二，围绕如何组织水权市场，即水权市场交易机制问题提出包括市场交易制度在内的若干因素，建立水权市场交易机制设计实验研究的理论框架。比较分析分散交易、双向拍卖、明码标价三种交易制度，深入剖析交易制度、市场势力、交易成本、跨期存储水权对水权市场效率的作用机制，重点探究交易制度的核心——价格形成机制的作用机理。在上述分析的基础上，提出各因素对水权市场效率影响的研究假设。

第三，应用实验经济学方法建立虚拟水权交易市场，比较不同交易制度下水权市场效率，以及水权成交数量和成交价格的差异，并考察交易成本、市场势力因素及其交互组合对水权市场运行效果的影响。通过对交易制度选择、交易成本是否存在、经济用水取水权是竞争初始分配还是垄断初始分配、是否允许跨期存储水权的多种交叉组合进行实验设置。基于实验的实施，以及实验数据的统计分析，比较分析不同交易制度下水权市场效率高低情况；进一步地，在不同交易制度下，分别考虑交易成本因素、市场势力因素、跨期存储水权因素，考察水权市场效率变化情况。基于实验交易结果对研究假设进行仿真验证，比较并选择效率最高、可行性最大的交易制度。

第四，水资源产权市场所具有的特殊性，使得政府责任成为建立水权水市场制度、推进水权交易市场健康发展的重要保障。基于此，根据政府责任的一般理论并结合水权市场特点，从经济责任、社会责任两个维度建构水权市场建设中政府责任的分析框架。针对当前我国水权交易实践探索中存在的政府责任履行问题，从健全水权交易法律法规保障机制、创新水权初始分配决策机制、完善水利基础设施投融资机制、构建水权市场监管机制、探索水权交易公众参与机制，建立水权市场建设中政府履责的效果评估机制等方面着手，探讨中国特色水权市场建设中政府责任的实现。

基于我国水权市场建设尚处于培育阶段的事实，本书借鉴实验经济学方法，并结合国情因素，通过在实验室中开展水权交易模拟这一前瞻性研究，可以为我国水权市场的未来发展、水权交易制度选择提供实验室证据；同时，考察水权市场建设中政府责任履行与实现机制问题。尽管本书对上述问题进行了探讨，然而，在实验参数设置、交易成本分摊、拍卖机制选择等方面仍存在一些不足。对于存在的问题，恳请专家、学者批评指正，以便在后续研究工作中继续关注和探索。

潘海英

2020年6月

目　录

第1章　绪　　论

1.1　研究背景和目的

1.1.1　研究背景

水资源是人类生存所需要的最基本的自然资源，也是社会经济发展必备的战略性经济资源。由于人类的过度开采，水资源短缺及水环境污染逐渐成为一项严重的全球性社会危机。统计数据显示，2017 年底我国人均水资源量为 2074.5 立方米，约为全球人均水平的 28%。同时，我国水资源时空分布不均的问题依然存在，南北方水资源总量持有比例达到 4∶1，与土地资源、经济布局不相匹配。而随着工农业的快速发展，水资源污染现象也日益严重，南方一些水资源充足地区甚至出现水质性缺水，严重影响到经济社会发展。因此，如何在保证水资源配置效率的同时兼顾公平，实现水资源的可持续发展刻不容缓。包括我国在内的世界各国政府和社会各界对水资源短缺、水污染问题给予了很大的关注，从美国、澳大利亚、日本、英国等国家的理论研究和改革实践看，仅依靠技术的创新不足以解决水资源短缺危机，引入经济手段管理水资源，充分发挥市场在水资源配置领域的作用，在政府的引导和管制下进行水权交易被公认为是解决这一问题最为有效的途径。水权交易是用经济学方法来解决水资源短缺、水环境问题的一种手段，通过建立健康的水权市场可以实现水资源的优化配置并起到保护水资源的作用。

在我国，伴随 21 世纪初东阳—义乌首例水权交易合约的签订，各级政府部门及理论各界对水权、水权制度予以特别关注，倡导并开始探索如何利用市场机制实现水资源的优化配置。自此，依托市场实现水资源有效配置成为水资源管理改革和发展的方向。随着 2011 年中央一号文件《中共中央国务院关于加快水利改革发展的决定》中“建立和完善国家水权制度，充分运用市场机制优化配置水资源”

的提出，我国水权市场改革进入加速发展阶段。2013 年 11 月召开的十八届三中全会进一步明确“推行节能量、碳排放权、排污权、水权交易制度，建立吸引社会资本投入生态环境保护的市场化机制”。2014 年初水利部将“建立健全水权交易制度和水价机制”列为十大重点改革任务之一；同年 6 月水利部召开“水权水市场建设”专题研讨会议，时任水利部部长陈雷明确提出“立足我国基本国情水情，坚持社会主义市场经济改革方向，正确发挥市场作用和政府作用，加快推进水权水市场建设，逐步建立归属清晰、权责明确、监管有效、流转顺畅的国家水权制度体系和水市场格局”。2017 年，中央一号文件《中共中央国务院关于深入推进农业供给侧结构性改革加快培育农业农村发展新动能的若干意见》明确提出“加快水权水市场建设，推进水资源使用权确权和进场交易”。2018 年 12 月，国家发展和改革委员会、财政部、水利部等 9 部门联合印发《建立市场化、多元化生态保护补偿机制行动计划》，提出“建立市场化、多元化生态保护补偿机制要健全资源开发补偿、污染物减排补偿、水资源节约补偿、碳排放权抵消补偿制度，合理界定和配置生态环境权利，健全交易平台，引导生态受益者对生态保护者的补偿。积极稳妥发展生态产业，建立健全绿色标识、绿色采购、绿色金融、绿色利益分享机制，引导社会投资者对生态保护者的补偿”。

在实践方面，2013 年 12 月 17 日，内蒙古自治区水权收储转让中心正式组建成立；2014 年 7 月，水利部决定在全国七个省区启动为期 2～3 年的国家水权试点工作，并重点在内蒙古、河南、甘肃、广东四个省区开展水权交易，探索多种形式的水权流转形式，培育水权市场并推进水权市场制度化建设；2016 年中国水权交易所成立，2017 年底，七个国家水权试点完成验收工作，这标志着我国水资源使用权的确权登记、水权交易流转和水权制度建设已经取得了较大突破。七个水权试点中，在河南、广东、甘肃三个省因地制宜地开展了跨区域、跨行业或跨部门、跨农户等多种形式的水权交易。从实际成效来看，河南省完成了我国首例跨流域水权交易，缓解了区域水资源分布不平衡的严峻问题；广东省探索出了一套较为成熟的上下游水权交易模式，将东江流域上游的资源优势转化为了经济优势；甘肃省在水权交易中促进了生态文明建设，用水户间、行业间的水权交易为西北干旱地区的水权市场建设提供了可复制推广的独特经验。由此，继 21 世纪初“水权水市场建设”大讨论之后，在党中央和各级政府的高度重视下，水权市场发展再次得到了社会各界的广泛关注，并成为资源环境研究领域的热点之一。

然而，我国水权市场的实际运行效果与人们的预期有较大差距，水权市场发展在实践中遇到不少难题。近二十年来，我国水权初始分配框架已经初步形成，同时在全国各地进行了一系列水权交易的实践探索，并设立了国家水权试点；但水权交易规则体系尚不健全，相关中介组织机构设立、政府服务与监管等尚未到位，水权转让不是很通畅，权利保护不是很充分，水权市场化改革仍有很长一段路。总的来说，我国水权市场尚未发育完成，市场活力未被充分激发；水权交易制度体系有待健全，技术支撑有待加强，水权市场建设将经历较长时期的研究和探索。水权市场理论研究和实际运行效果的差距激发了国内外学者对水权市场建设问题的关注，多数学者认为这种差距的产生主要是由于不完全市场假设。理论上，在水资源配置领域引入市场机制可以带来成本的大量节约，然而现实中的诸多因素在很大程度上抵消了市场的成本节约性，例如，多元利益主体间的“零和博弈”、交易成本、第三方负效应、市场势力、交易规则体系、交易机制、环境条件及相关者行为复杂性等众多因素被广泛深入地纳入了讨论。作为进行水权交易的场所，水权市场包含交易主体、交易客体和交易机制等因素，其中交易主体、交易机制是核心决策变量。与此同时，在水资源管理改革及水权市场建设这一领域，政府的顶层设计和组织领导尤为重要。国外水权市场发展的经验、近年来我国中央政府制定的战略方针及水权交易的实践探索，均表明水权市场建设离不开政府作用的发挥。基于上述考虑，本书拟从利益相关者、交易机制及政府责任等方面开展效率导向下水权市场交易机制设计与政府责任研究。

1.1.2 研究目的

目前关于水权交易市场的研究文献非常丰富，利益博弈、交易成本、市场势力、政府作用与水权市场有效运行之间的相关性也得到了诸多研究的证实，但仍存有以下三点不足：其一，利益相关者理论在水权交易市场中的应用尚停留在水权的初始分配与跨流域水权交易领域，对二级水权交易市场中多元主体开展水权交易过程产生的利益冲突及其博弈行为的相关研究还很欠缺；其二，针对不同交易制度下水权市场运行状况的差异研究，以及交易成本、市场势力和跨期存储因素对水权市场效率影响研究的相关文献非常有限；其三，已有研究对水权市场化改革中政府作用的分析不够深入且缺乏系统性，尤其是对水权交易中政府应履行的职责和义务，即政府责任的理论分析存在缺失，与水权交易实践密切相关的研究成果不够丰富，考虑国情条件探讨水权交易中政府责任的研究甚少。

基于此，在利益相关者理论基础上，本书探讨水权市场交易领域各利益相关主体的利益诉求，找准多元主体之间的利益冲突焦点，由此构建水权市场建设中多元主体之间的利益博弈分析框架。在交易制度的设计上，本书将通过实验仿真模拟实际水权交易市场，不断改变实验参数设置，研究水权市场交易制度的有效性，以及交易成本、市场势力和跨期存储因素与水权市场有效运行之间的关系。在政府责任理论基础上，本书从水资源产权市场特殊性出发，结合我国水权交易实践和经济社会文化背景分析政府责任履行中的不足。本书研究将尝试解决以下问题。

（1）通过梳理我国水权市场发展的概况，分析当前水权市场发展所面临的现实困境，并综合运用经济学、管理学理论剖析水权市场困境产生的原因。考虑到市场环境条件和多方利益主体行为复杂性对我国水权市场建设的多重影响，本书基于利益相关者理论聚焦水权市场利益相关者的冲突焦点，剖析水权市场多元主体利益博弈行为选择的主观偏好与客观条件，从而为有效避免各利益主体间的“冲突内耗”与“零和博弈”提供理论性的指导建议。

（2）通过构建水权市场交易机制设计的实验研究的理论框架，明晰交易制度、交易成本、市场势力、跨期存储水权等因素对水权市场效率的影响机理。

（3）运用实验经济学方法，考察分散交易、双向拍卖、明码标价三种交易制度的实验设置下水权市场效率的变化；在此基础上加入交易成本、市场势力及跨期存储因素，分析它们对水权市场运行效率的影响，并通过实验结果的对比，分析交易成本、市场势力及跨期存储与各交易制度之间是否存在相互作用关系，明晰各因素对水权市场运行效率产生的影响。

（4）水资源产权市场的特殊性决定了政府责任是建立水权市场制度、推进水权交易市场健康发展的重要保障。根据政府责任的一般理论并结合水权市场特点，从经济责任、社会责任两个维度建立水权市场建设中政府责任的分析框架，明晰当前我国水权交易实践探索中存在的政府责任履行问题，并据此提出强化中国特色水权市场建设中政府责任的有效路径。

1.2 研究内容

本书以提升水权市场效率为出发点，采用实验经济学方法研究水权市场交易机制设计及政府责任问题。

1.2.1 我国水权市场发展状况分析

其一，从水权市场建设的两个阶段梳理我国水权市场发展概况；其二，分析我国当前水权市场发展中面临的现实困境；其三，运用经济学、管理学相关理论解析水权市场困境产生的成因。鉴于我国水权市场建设环境和参与主体行为的复杂性，在运用经济学相关理论进行水权市场困境产生原因的一般性分析以外，本书又基于利益相关者理论，明晰水权交易市场的利益相关者及其利益诉求，剖析水权交易市场多元主体利益冲突背后的博弈行为，为探索有效地避免各利益主体间“冲突内耗”与“零和博弈”的协调机制提供理论指导。

特别地，本书在附录部分选取疏勒河流域作为研究区，探讨该流域水权市场中各利益相关主体的行为偏好和利益诉求，并由此构建利益相关者之间的关系框架。针对流域水权市场中利益相关者之间的冲突和矛盾，构建理论模型并分析多方利益相关者之间的利益平衡路径。从完善水权交易价格的市场形成机制、合理鼓励或约束交易双方行为、强调社会组织的责任和地位，以及强化政府监督力量等方面提出政策建议。

1.2.2 水权交易市场效率实验研究的理论分析

围绕如何组织水权市场，即水权市场交易机制问题提出包括市场交易制度在内的若干因素，建立水权市场交易机制设计实验研究的理论框架。分析比较分散交易、双向拍卖、明码标价三种交易制度，深入剖析交易制度、交易成本、市场势力、跨期存储水权对水权市场效率的作用机制，重点探究交易制度的核心——价格形成机制的作用机理。在上述分析的基础上，提出各因素对水权市场效率影响的研究假设。

1.2.3 水权交易市场效率研究的实验设计

首先，对实验经济学进行概述；其次，说明水权交易实验研究的主要目的，通过对交易制度选择、交易成本是否存在、经济用水取水权是竞争初始分配还是垄断初始分配、是否允许跨期存储水权的多种交叉组合进行实验设置；最后，解释实验实施中涉及的实验环境、实验被试和实验规则，并给出水权市场效率的测算方法。

1.2.4 基于实验数据的水权交易市场运行效果分析

开展实验，对实验数据进行严格统计分析，特别是利用非参数检验方法分析比较不同实验设置下水权市场效率的差异。侧重考察：①不同交易制度下水权市场交易特征和水权市场效率的差异；②不同交易制度下，分别考虑交易成本因素、市场势力因素、跨期存储水权因素时水权市场运行状况的变化情况。基于水权实验市场交易结果对研究假设进行仿真验证，比较选择效率最高、可行性最大的交易制度并加以完善。该部分是本书研究的重点内容。

1.2.5 我国水权市场建设中的政府责任：理论框架与实现机制

首先，明晰水权市场建设中政府责任的内涵与责任体系，构建水权市场建设中政府责任分析框架。其次，识别当前政府在水利基础设施建设投资、水权市场有效监管、公众参与路径铺设、生态与第三方补偿机制构建等方面存在的责任履行问题。最后，从健全水权交易法律法规保障机制、创新水权初始分配决策机制、完善水利基础设施投融资机制、构建水权市场监管机制、探索水权交易公众参与机制、建立水权市场建设中政府履责的效果评估机制等方面着手，探讨中国特色水权市场建设中政府责任的实现机制。

1.3 水权市场的相关概念辨析

1.3.1 水权

关于水权概念的界定，各专家学者的看法不尽相同，具体可归纳为以下几类观点：①单一水权论，即水权仅包含一种权利成分。傅春等（2001）、盛洪（2003）、刘斌（2003）、王浩和王干（2004）等认为，水权是对国家所有水资源的一种用益物权，特指水资源使用权。邢鸿飞和徐金海（2006）认为，从实践层面上看，当前水权指的是取水权。②二重水权论，即水权由两种权利成分组成。胡鞍钢和王亚华（2001）、汪恕诚（2001）等多位学者将水权简单地划分为水资源所有权和使用权两部分，并说明若非特指，一般意义上的水权指的就是水资源的使用权，这也是水权研究的重点所在。关涛（2002）认为，水权由水资源的所有权、水资源用益物权两部分组成。③多重水权论，即水权是多种权利束的合集，持有这一观点的研究者对水权的定义则更趋精细和多样化。石玉波（2001）指出水权又称水资源产权，为水资源所有权、使用权，以及水产品与服务经营权等相关权利的总和，其中所有权是水资源配置和利用的基础。姜文来（2003）认为，水权是包括水资源所有权、经营权，以及使用权在内的所有权利的总和。蔡守秋（2005）研究指出，水权是一个混合性权利束，具体包括水资源所有权、经营权、使用权，以及水环境权、水资源行政管理权和水产品所有权等权利。马晓强等（2007）将水权界定为水资源的所有权、使用权，以及水量配置权、让渡权和交易权等。许长新（2011）从广义、狭义的角度对水权的内涵进行了界定。其中，广义水权指水资源的所有权、使用权、处置权和收益权等一系列权利的总和；狭义水权可根据研究需要特指水资源的某一项或某几项权利。

从经济学角度出发，综合胡鞍钢和王亚华（2001）、汪恕诚（2001）等的二重水权论，以及石玉波（2001）、马晓强等（2007）的多重水权论观点，本书将水权概念定义如下：广义而言，水权是各相关主体依法对水资源所享有的所有权、监督管理权、经营权、使用权和收益权等多种权利。例如，以国家为主体，其将依法享有对水资源的所有权；如以国务院和地方各级政府为主体，它们将依法享有对水资源的监督管理权；如以机构和个人为主体，他们将依法享有对特定水资源的经营权、使用权和收益权。狭义而言，出于研究水权二次流转的需要，本书将水权视为水资源使用权，即可交易水权。

1.3.2 水权交易

水权交易是实现水资源再分配的重要方式，最早发生在美国西部地区。水权是一种私有性产权，是对特定水量的水资源进行利用并获取收益的权利，且用水户只能享有用于有益目的的水权，水权转让意味着原水权人利益的丧失。因此，水权交易受到法律的限制。1859 年，在 McDonald v. Bear River & Aubum Water & Mining Co. 一案中，加利福尼亚州最高法院指出，水权可以在不同交易主体之间进行买卖，这是对水权交易合法性的首次肯定。水权交易是在市场机制下，低效率用水的水权主体在考虑到自身用水的机会成本时而节约用水，并将节约的水权转让给用水效率高的需水主体，从而提升社会的整体用水效率。水权交易由买卖双方在签订合约的基础上进行，个人或企业之间均可进行水权交易，不同行业和地区的用水主体之间也可达成水权交易，但交易产生的费用必须建立在相关法律法规的基础之上。

1. 水权交易的类型

2016 年 4 月水利部印发的《水权交易管理暂行办法》规定，“按照确权类型、交易主体和范围划分，水权交易主要包括以下形式：（一）区域水权交易：以县级以上地方人民政府或者其授权的部门、单位为主体，以用水总量控制指标和江河水量分配指标范围内结余水量为标的，在位于同一流域或者位于不同流域但具备调水条件的行政区域之间开展的水权交易。（二）取水权交易：获得取水权的单位或者个人（包括除城镇公共供水企业外的工业、农业、服务业取水权人），通过调整产品和产业结构、改革工艺、节水等措施节约水资源的，在取水许可有效期和取水限额内向符合条件的其他单位或者个人有偿转让相应取水权的水权交易。（三）灌溉用水户水权交易：已明确用水权益的灌溉用水户或者用水组织之间的水权交易。通过交易转让水权的一方称转让方，取得水权的一方称受让方”。中国水权交易所的交易数据显示，截至 2019 年 8 月 31 日，上述三类水权交易分别占总交易笔数的 4.07%、40.70%、55.23%。其中，取水权交易主要在灌区水资源管理部门和工业用水户之间进行，这主要是由于在部分地区农业领域水权仅分配到灌区，未能分配到灌溉用水户。

2. 水权交易的流程

水权交易可以通过国家或者地方交易平台进行，也可以在出让方和受让方之间直接交易，主要依水权交易的不同类型而定。其中，灌溉用水户水权交易期限若在一年内，则无须审批，由交易双方自主协商完成；若超过一年，则需要报地方水行政主管部门备案。而对于区域水权交易及交易量较大的取水权交易，需要通过水权交易平台进行，相应地，交易方式分为公开交易和协议转让两种。采用公开交易方式时，水权交易流程如下：①交易双方填写《水权交易申请书》，按照交易所要求提供与水权交易相关的各项材料；②水权交易所对材料进行审核并通过后，赋予交易主体交易资格，根据《水权交易申请书》提供的信息在交易所网站发布公告，信息公告期满后 5 日内，水权交易所将交易对象情况告知公告方；③依据交易对象的数量，明确定价方式为协议定价或单项竞价；④水权交易所在确定交易对象后组织签订交易协议；⑤交易双方缴纳交易服务费后 5 日内将获得《水权交易鉴证书》，同时向所在区域的水行政主管部门或流域管理机构备案，或者申请办理水权变更。采取协议转让方式时，水权交易所在对交易主体资料审查后不进行挂牌，可直接组织签订交易协议及进行后续流程。

需要提及的是水权交易过程中除了发挥市场调控手段的作用外，相关政府职能部门对其所管辖范围内的水权交易活动负有监督管理、风险防范及调控等职责。尤其是针对跨区域或者跨流域的水权交易活动，地方交易中心应及时向区域水行政主管部门或者流域管理机构的上级部门提出申请，并由上一级的水权交易机构进行受理。

1.3.3 水权市场

水权市场，简单来说就是通过交易取得或转让水权的相关场所。需要注意的是，水权市场与水商品市场截然不同。水商品市场指的水资源经过加工成为人工水，利用其饮用或使用价值在市场上作为商品买卖的一系列环节。而水权市场的交易客体特指水资源使用权。在我国，水权市场作为一个“准市场”，目前尚处于起步阶段。国内学者普遍认同将水权市场的基本框架纵向划分为一级水权市场和二级水权市场。其中一级水权市场由政府完成水权的初始分配，二级水权市场进行用水户间的水权二次流转。在一级水权市场中只是对水权进行初始分配，并未真正涉及交易，故本书所指的水权市场特指二级水权市场。水权市场的构成要素主要包括以下四方面。

（1）交易主体。水权交易主体指的是水权转让过程中的行为主体，具体包括水权的转让方、受让方。水权交易的主体涉及较为广泛，既包括政府（仅指地方政府），又包括企业和个人。其中，中央政府是水权市场的制度设计者和宏观调控者，起到完善水权市场顶层设计的作用。地方政府是水权市场的建设者和管理者，对辖区内的水权交易活动进行规划、监督和管理。与此同时，地方政府也可以作为水权交易的参与者直接参与到水权市场活动中。随着水权制度的完善和水权市场运作的逐渐成熟，企业用水户和个人用水户将成为水权交易的核心主体。

（2）交易客体。根据《取水许可和水资源费征收管理条例》，“依法获得取水权的单位或者个人，通过调整产品和产业结构、改革工艺、节水等措施节约水资源的，在取水许可的有效期和取水限额内，经原审批机关批准，可以依法有偿转让其节约的水资源，并到原审批机关办理取水权变更手续”。由此，满足定额配水制度条件下富余水量的使用权是目前符合规定的水权市场交易客体，即水权交易的对象特指水资源使用权。根据一般用水需求，可将社会用水分为基本生活用水、经济用水和生态用水三类。为了保障基本生活需要和生态良性发展，基本生活用水和生态用水不纳入水权交易的范畴。因此，水权市场的交易客体主要指经济用水的使用权。

（3）交易制度。交易制度是进行水权交易的行为指导规范，也是水权市场运行的核心要素。本书研究中涉及的交易制度主要有分散交易、双向拍卖和明码标价制度。三种交易制度存在一定差别，主要体现在交易者数量、市场价格主导者、报价方式、合约确认方式等方面，上述要素的不同组合形成了不同的交易制度。

无论实行哪种交易制度，水权市场交易主体都是理性人，都以实现自己的效用最大化为目标，很可能存在逆向选择和道德风险问题。因此，政府需要对水权市场进行严格的监管。

（4）交易规则。水权市场交易规则指的是水权交易过程中所需遵循的一系列既定规则，包括市场准入、竞争秩序、交易程序、纠纷解决、外部性补偿等。完整的水权交易规则体系是水权市场健康运行的基础保障，水权持有者和购买者依照规则体系完成水权交易，可最大限度减少交易的随意性，尽可能避免交易带来的纠纷问题，使整个水权交易过程易于管理。

1.4　研究路径与方法

1.4.1　研究路径

基于水权市场制度环境与基础设施—水权特征（公共物品性、外部性、不确定性）—水权市场效率之间的内在联系，本书以效率提升为目标，开展水权市场交易机制设计与政府责任研究。首先，基于产权理论、交易成本理论、外部性理论及利益相关者理论等视角深入剖析我国水权市场困境的成因，运用利益相关者理论，并结合我国特殊国情重点揭示我国水权交易市场运行过程中多元主体利益冲突背后的博弈行为机制。其次，构建水权市场交易机制并设计实验经济学研究的理论模型，分析交易制度、交易成本、市场势力、跨期存储水权对水权市场效率的影响机理。再次，引入实验经济学这一研究工具，分别模拟分散交易、双向拍卖、明码标价三种交易制度下水权交易过程中买卖双方价格博弈的过程，在此基础上加入交易成本、市场势力等因素，并从市场成交价格、成交数量、实验者收益分布、市场效率等方面考察水权市场运行效果。为进一步探讨跨期存储因素对水权市场效率的影响，本书设置了可跨期交易的实验对比组，将交易区间由一期拓宽至两期，以两两比较的方式分析引入跨期存储机制前后各交易制度下水权市场效率的变动情况。最后，水资源产权市场的特殊性决定了政府责任是建立水权市场制度、推进水权交易市场健康发展的重要保障。根据政府责任的一般理论并结合水权市场特点，从经济责任、社会责任两个维度建构水权市场建设中政府责任的分析框架。在此基础上，分析当前我国水权交易实践探索中存在的政府责任履行问题。为推进中国特色水权市场建设中政府责任体系构建，从健全水权交易法律法规保障机制、创新水权初始分配决策机制、完善水利基础设施投融资机制、构建水权市场监管机制、探索水权交易公众参与机制、建立水权市场建设中政府履责的效果评估机制等方面提出具体建议。本书的研究路径如图 1-1 所示。

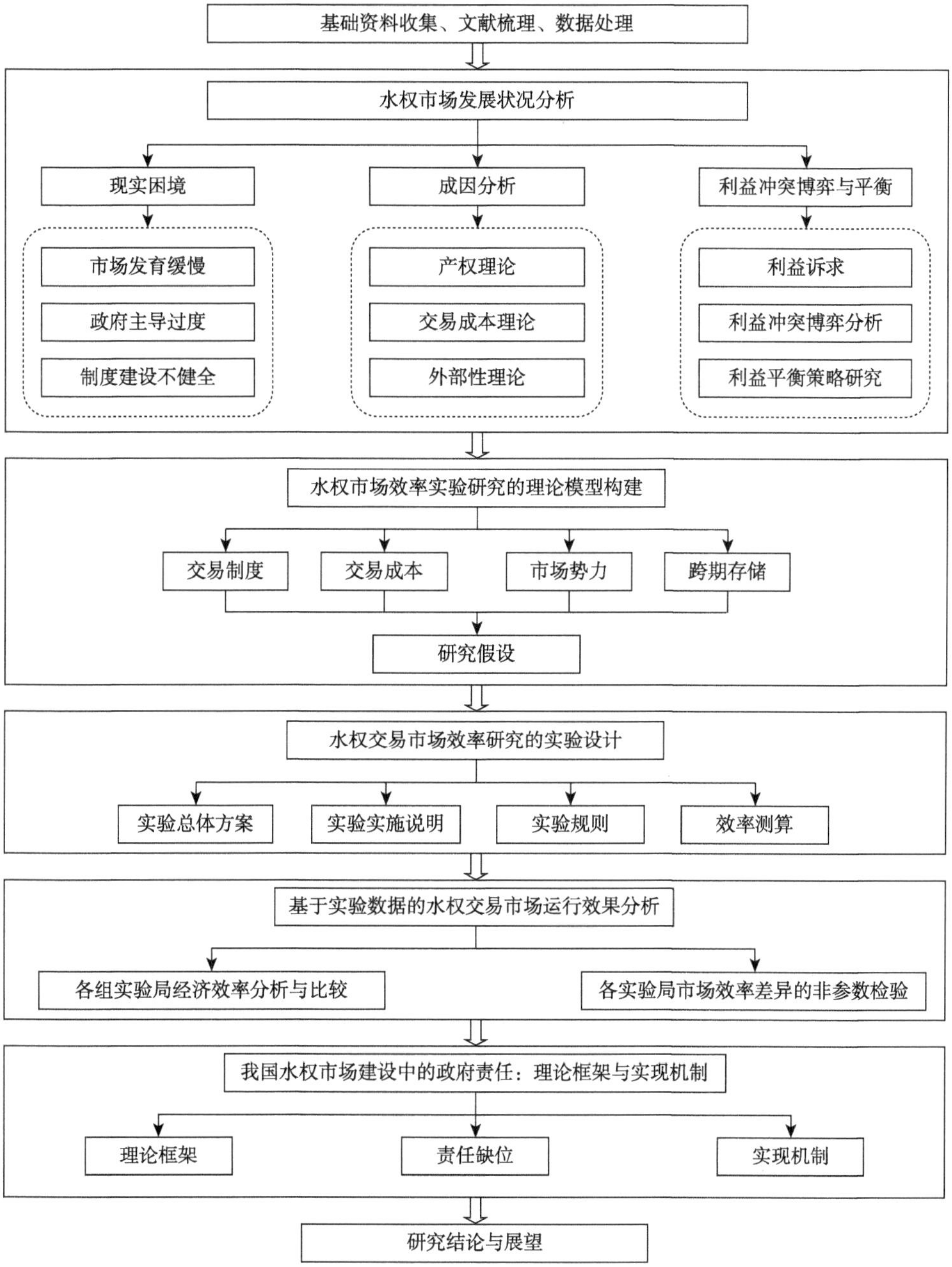

图 1-1　研究路径

1.4.2 研究方法

科学研究需要有科学的方法和路径。在本书中，笔者综合运用文献研究与实地调研相结合、规范研究法、实验经济学研究法、定性方法和定量方法相结合等多种研究方法。

1. 文献研究与实地调研相结合

文献研究法，主要是通过对与研究主题相关的文献的搜集、整理、分类和归纳分析，对相关主题的研究现状形成全面了解，以便开展下一阶段的研究工作并明确研究重点。根据本书的研究主题和目的，主要从水权市场研究的总体进展，引入水权市场后市场交易效率或交易者收益状况变化、水权交易价格的确定，以及交易制度、交易成本、市场势力、跨期存储等因素与水权市场有效性等多个维度对国内外文献进行搜集、整理和分析，以对水权市场运行有效性问题形成系统综合的了解。

同时，为更好地把握国家水权试点在水权确权、水权交易、水权制度建设等方面的进展，笔者及团队于 2016 年 7 月下旬前往甘肃省疏勒河流域开展水权市场建设情况专题调研。调研工作主要围绕疏勒河流域自然和社会经济背景、水资源管理政策法规、水资源管理体系、初始水权分配和使用状况，以及水权市场建设中相关主体的偏好、态度和行为模式等方面展开。

2. 规范研究法

规范研究法是通过对基础理论和相关文献的梳理，以演绎的方式对经济活动进行逻辑性推理的过程，它具有一定的衡量标准，解决的是“应该怎么样”的问题。首先，本书在对我国水权市场发展进行回顾的基础上，分析当前水权市场建设中面临的困境，主要借鉴新制度经济学理论、福利经济学理论、不对称信息经济学理论、外部性理论，从经济学层面分析困境产生的原因。同时，基于利益相关者视角，探讨水权市场中各利益相关主体的行为偏好和利益诉求，构建各利益相关者之间的利益博弈分析框架，据此提出实现多元利益主体利益共赢的有效策略。其次，在实验开展之前，本书在建立水权市场交易机制研究理论框架的基础上，运用经济学理论分析不同交易制度、交易成本、市场势力及跨期存储因素对水权市场效率的影响机理，并提出相关假设。最后，本书通过构建水权市场建设中的政府责任理论框架，剖析当前我国水权交易实践探索中存在的政府责任履行问题，探讨水权市场建设中政府责任的实现机制。

3. 实验经济学研究法

实验经济学研究法是指在特定规则的经济活动背景下，经济学家按要求挑选受试对象，通过一定的物质激励，以仿真实验的方法研究市场行为人相互博弈并做出决策的过程。在本书实验研究部分，笔者及团队邀请 12 位之前未有过相关经验的受试者参与实验室中的模拟水权交易，基于实验的总体设计，观察研究受试者在不同情景下的交易选择，并通过实验数据的统计，比较分析不同实验设置下水权市场运行状况尤其是市场效率差异，以及交易价格和交易数量的变化情况。

4. 定性方法和定量方法相结合

水权市场运行效果的研究是一个复杂的过程，衡量水权市场运行状况涉及政策、经济、科技等诸多领域。为了能深入浅出地说明水权市场运行有效性问题，在对比分析水权市场交易特征和市场效率高低过程中有必要采用定性与定量分析相结合的分析方法。本书在水权市场交易机制设计实验研究中，首先将交易制度、交易成本、市场势力、跨期存储水权等因素共同纳入分析框架，定性分析它们对水权市场运行效率的作用机制。其次，通过对实验数据的分析及相关统计指标的计算，实现不同交易制度下水权市场运行状况尤其是市场效率的定量化评价和分组比较。

1.5　创　新　点

其一，将实验经济学思想引入水权市场交易机制设计中。在我国水权市场建立初期，水权市场实际运行数据不充分，因而比较水权市场效率高低存在一定困难，这致使水权市场交易机制研究一直停滞在制度规划这一表层阶段，对具体的竞价方式、交易规则等缺乏详细的探讨。本书引入实验经济学的思想，模拟不同交易制度下水权市场交易过程中买卖双方价格博弈的过程，并逐步引入交易成本、市场势力、跨期存储因素，分析它们对水权市场运行效率的影响，探索最为有效的水权市场运行机制。

其二，基于现实情况构建水权市场交易机制设计的实验研究的理论模型。结合我国市场化程度不高，以及水权市场环境条件和相关人行为具有复杂性的现实状况，将交易制度、交易成本、市场势力、跨期存储水权等因素纳入水权市场交易机制设计的实验研究的理论模型中。

其三，基于政府责任的一般理论和水资源产权市场特殊性建构中国特色水权市场建设中政府责任理论框架。国内外研究成果已经达成政府在水权交易中具有关键作用的共识。然而，已有研究对水权市场化改革中政府作用的分析不够深入且缺乏系统性，尤其是对水权交易中政府应履行的职责和义务，即政府责任的理论分析存在缺失，与水权交易实践紧密结合的研究不够丰富，考虑国情因素探讨水权交易中政府责任的研究甚少。鉴于此，本书将政府责任的一般理论应用于我国水权市场建设实践，基于理论框架并结合我国水权交易实践和经济社会文化背景分析政府责任履行中的不足，重点探讨在当前水权市场化改革加速推进的背景下强化政府责任的有效路径。

其四，将利益相关者理论运用于具有普遍性的二级水权交易市场，剖析多元主体利益冲突背后的博弈行为。由于我国水权交易市场环境和参与主体行为的复杂性，各利益相关者之间由于地位和角色的不同存在利益冲突，利益关系复杂，从长远来看，这些冲突和矛盾将不仅限制水资源的高效利用，而且将阻碍加快建设健康的水权交易市场的步伐。本书将利益相关者理论应用于水权交易的博弈模型中，剖析交易主体冲突背后的行为机理，聚焦多元主体的利益冲突焦点，并在此基础上重点探索有效避免多元利益主体间的“冲突内耗”与“零和博弈”的平衡路径。

其五，研究方法的多元化。本书采用的研究方法主要包括理论分析、实验研究、比较分析等。基于理论模型，在一个完整的框架下全面分析各构成要素对水权市场效率的作用机制；基于实验模拟水权市场考察不同实验设置下市场效率差异、市场交易价格走势和成交量变化；对实验交易结果进行分组比较分析。

第2章　我国水权市场发展状况分析

在我国，对水权市场的探讨和实践探索已有二十余年。本章对我国水权市场的发展情况进行整体回顾，并总结归纳当前水权市场发展面临的困境。以此为基础，应用经济学理论并结合国情因素剖析水权市场困境产生的原因。同时，鉴于环境条件和相关者行为复杂性对我国水权市场建设的影响，从利益相关者视角探讨水权市场中各利益相关主体的利益诉求，由此构建利益相关者之间的利益博弈分析框架，明晰化解利益相关者之间矛盾和冲突的关键，进而提出满足各利益相关者利益共赢的策略。

2.1　我国水权市场发展概况

进入 21 世纪，东阳—义乌水权转让协议的签订开启了我国水权交易探索的进程，随后水权、水权交易、水权市场等概念逐渐进入社会各界的视野。2011 年之后，党和政府高度重视水权市场的培育和建设，水权市场化是 2011 年中央一号文件，党的十八大、十八届三中全会和五中全会，以及党的十九大先后提出的政策导向，也是建立国家水权制度、运用市场机制实现水资源优化配置的有力举措。由此，我国水权市场建设进入快速发展阶段。

2.1.1　水权市场建设起步阶段（2000～2010 年）

2000 年末，浙江省义乌市和东阳市两地政府签订了有偿转让横锦水库每年 4999.9 万立方米用水权的协议，该事件被视为国内水权交易探索的开端，带动了全国各地水权交易流转的热潮。2002 年初，水利部选取位于西北地区的甘肃省张掖市作为全国第一个节水型社会建设试点,开展灌溉用水户间的水票交易实践。水行政主管部门对配水实行水票制,用水户根据自己的配水量领取水票,凭票取水。若配水量无法满足需求,可以通过与同一渠系水票结余者进行水权交易获得额外配水量。该模式可被视为水权市场交易的前身,相比东阳—义乌的城市间水权交易,水权市场有了较大发展,用水户以水票作为一般等价物,可实现渠系范围内水使用权的简单流转。2004 年 5 月,水利部出台《关于内蒙古宁夏黄河干流水权转换试点工作的指导意见》;同年 6 月,黄河水利委员会制定《黄河水权转换管理实施办法(试行)》,正式开启了黄河上中游地区跨区域水权转让工作,并取得了显著成效。宁夏、内蒙古的水权转换实践,代表我国北方地区也开始了对水权交易的探索,水权市场建设开启了由点向面的新阶段。

随后,立足于各省区的水权交易探索实践,水利部提出了"明晰水权、引入市场"这一水权改革思路,将水权市场建设进程划分为三个方面:其一,在水权初始分配上确立总量和定额两套指标,采用配额逐级分解的方式,将水权精细划分到微观用水单位;其二,以经济手段为主,配合行政、法律等协调手段,对水权交易采取全方位、全过程管理;其三,鼓励个体用水户、企业单位用水户实施节水行为,将结余水权通过市场进行有偿转让。根据 2006 年国务院颁布的《取水许可和水资源费征收管理条例》,"依法获得取水权的单位或者个人,通过调整产品和产业结构、改革工艺、节水等措施节约水资源的,在取水许可的有效期和取水限额内,经原审批机关批准,可以依法有偿转让其节约的水资源,并到原审批机关办理取水权变更手续",即水权转让的主体可以界定为在一定期限内拥有节余水量的取水单位或个人,开启了规范化建设水权市场的开端。

2.1.2 水权市场建设快速发展阶段(2011 年至今)

2011 年中央一号文件明确提出"建立和完善国家水权制度,充分运用市场机制优化配置水资源",标志着我国水权市场改革进入加速发展阶段。2012 年国务院三号文件明确指出"建立健全水权制度,积极培育水市场,鼓励开展水权交易,运用市场机制合理配置水资源"。自从党的十八大以来,以习近平同志为核心的党中央高度重视水资源问题。中共十八届三中全会提出"建设统一开放、竞争有序的市场体系,是使市场在资源配置中起决定性作用的基础"(侯惠勤和范希春,2014)。2014 年,习近平总书记在中央财经领导小组第五次会议上就保障国家水安全发表的重要讲话中明确提出"节水优先、空间均衡、系统治理、两手发力”的新时代水利工作方针[①]，尤其是针对水资源管理改革中政府与市场的关系问题，习近平总书记强调“水是公共产品，政府既不能缺位，更不能手软，该管的要管，还要管严、管好。水治理是政府的主要职责，首先要做好的是通过改革创新，建立健全一系列制度。湖泊湿地被滥占的一个重要原因是产权不到位、管理者不到位，到底是中央部门直接行使所有权人职责，还是授权地方的某一级政府行使所有权人职责？所有权、使用权、管理权是什么关系？产权不清、权责不明，保护就会落空，水权和排污权交易等节水控污的具体措施就难以广泛施行。有关部门在做好日常性建设投资和管理工作的同时，要拿出更多时间和精力去研究制度建设”[②]。随着 2014 年 6 月水利部《关于开展水权试点工作的通知》的发布，由此启动在宁夏、江西、湖北、内蒙古、河南、甘肃和广东七个省区的水权试点工作。此次由中央政府牵头、各地方政府协同参与的大范围水权改革，力争用 2～3 年时间，在水资源使用权确权登记、水权交易流转等方面取得突破，为全国层面推进水权制度建设提供经验借鉴。中共十八届五中全会再次提出“全面节约和高效利用资源，树立节约集约循环利用的资源观，建立健全用能权、用水权、排污权、碳排放权初始分配制度”。2017 年，中央一号文件《中共中央国务院关于深入推进农业供给侧结构性改革加快培育农业农村发展新动能的若干意见》明确提出“加快水权水市场建设，推进水资源使用权确权和进场交易”。中共十九大报告提出“坚持人与自然和谐共生”的理念，以及“坚持节约资源和保护环境的基本国策”的新要求。在此基础上，2018 年 12 月，国家发展和改革委员会、财政部、水利部等 9 部门联合印发《建立市场化、多元化生态保护补偿机制行动计划》，提出“要健全资源开发补偿、污染物减排补偿、水资源节约补偿、碳排放权抵消补偿制度，合理界定和配置生态环境权利，健全交易平台，引导生态受益者对生态保护者的补偿。积极稳妥发展生态产业，建立健全绿色标识、绿色采购、绿色金融、绿色利益分享机制，引导社会投资者对生态保护者的补偿”。

实践中，自 2014 年水权试点改革以来，历时三年，我国在七个省区设立的水权试点均取得了一定成效，尤其在确权登记方面，各省区立足于实际，形成了一整套符合自身发展需要的确权方案和登记制度。一方面，宁夏、江西、湖北三省区重点推进水资源使用权确权登记工作。就截至 2017 年 11 月的进展而言，三个省区都已编制完成水权确权方案，并获得水利部的审查及验收。其中，江西省重点选取新干县、高安市、东乡县 3 个县市，分别针对农村集体经济组织的水塘、

① 节水优先、空间均衡、系统治理、两手发力——习近平总书记治水重要论述. http://www.zhuji.gov.cn/art/2019/1/3/art_1388669_29043887.html。

② 源自《习近平关于社会主义生态文明建设论述摘编》。

修建管理中的水库及国有水库中的水资源进行确权登记；宁夏回族自治区政府将确权方案细化分解到4293个灌区直开口，确权水量为45.64亿立方米，工业确权涉及5个县（区）和宁东能源化工基地60家工业企业，颁发水资源使用权证353本[①]；湖北省以宜都市作为主要试点对象，在之前取得的"小水利确权"的良好基础上，对全市8136口堰塘和12个改革试点村完成了摸底工作，并出台相应的确权登记制度[②]。

另一方面，国家鼓励内蒙古、河南、甘肃、广东四个省区积极开展跨盟市、跨流域、行业和用水户间、流域上下游等多种形式的水权交易流转模式。内蒙古自治区依托2013年成立的水权收储转让中心，积极开展巴彦淖尔与鄂尔多斯之间的跨盟市水权交易，同时又在实践中进一步探索、建立水权交易平台的规则、定价和第三方影响评价等机制。河南省积极开展县级市水权试点工作，将重心放在确权登记、水权交易及相关制度建设上，并于2015年突破性地促成了全国首宗跨流域水量交易，即平顶山市与新密市之间的水资源转让。甘肃省以疏勒河流域为试点区域，重点探索行业和用水户间水权交易模式，截至2017年底已在流域内昌马、双塔、花海灌区建成农民用水户协会104个，通过将水权指标逐级分解到乡镇、灌区、协会的形式，在试点验收前提前完成了确权工作[③]。依托已有的产权交易集团，广东省积极组建了省级水权交易平台，合理制定了水权交易规则和流程，并重点引导、鼓励东江流域上下游开展区域之间的水权交易。试点期间，广东在严格控制用水总量的前提下，以东江流域广州、深圳、河源、惠州、东莞等市为重点，陆续开展了地市与地市之间、地市内县区与县区之间、县区内的水权交易试点，2017年惠州市用水总量控制指标及东江流域取水量分配指标转让项目已在广东省环境权益交易所正式挂牌，2017年交易水量达1.02亿立方米。

作为全国性的水权市场交易平台，中国水权交易所于2016年6月28日正式挂牌成立，标志着我国水权市场建设由地区试点向全国统一市场迈进。截至2019年8月底，水权交易所成功撮合的水权交易总计172笔，多以协议转让方式开展，累计交易水量27.79亿立方米，交易价款16.59亿元。其中，区域水权、取水权交易合计77笔，累计交易水量27.65亿立方米，交易价款16.56亿元；灌溉用水户水权交易合计95笔，累计交易水量0.14亿立方米，交易价

---

① 宁夏回族自治区水利厅，http://slt.nx.gov.cn/pub/NXSLTGW05/SLXC/ZWXX/NXSLXX/201803/t20180302_110960.html。

② 湖北省人民政府官方网站，http://www.hubei.gov.cn/hbfb/xsqxw/201806/t20180628_1628043.shtml。

③ 为灌区供水服务插上"智慧"的翅膀——甘肃省疏勒河灌区推进水利信息化工作纪实，http://www.chinawater.com.cn/newscenter/df/gs/201709/t20170904_490599.html。

款 0.03 亿元[①]。

2.2　水权市场发展面临的现实困境

中国水权交易所已于 2016 年 6 月 28 日正式开业运营，七个国家水权试点均已验收并通过，这标志着我国在水权交易信息平台构建、水资源使用权确权登记、水权交易流转，以及水权制度建设等诸多方面已经取得较大突破，也为建设具有中国特色的水权交易市场积累了有益经验。然而，我国水权市场建设取得成效的同时也凸显出市场发展缓慢、市场竞争机制作用发挥有限等问题。

2.2.1　水权市场发育缓慢，水权交易形式存在偏向性

我国首例真正意义上的水权交易——浙江东阳和义乌两地有偿转让用水权协议的签订，以及在随后的几年中甘肃张掖、宁夏内蒙古、京冀等地陆续开展的水权转换实践探索从法律、管理、市场等多个方面为我国水权市场建设积累了初步经验。2011 年以来我国水权市场在各级政府推动下加速发展，较之以往水权交易数量有了明显增加。2016 年中国水权交易所的成立标志着我国水权市场发展进入一个新的阶段，水权交易逐渐呈现出趋于活跃的特征。从中国水权交易所公布的交易信息来看，截至 2020 年 6 月已达成了百余笔水权交易，覆盖主要水权试点省区，以及北京、河北、山西、新疆等非试点省区市。然而从以开展水权交易流转为主要任务的内蒙古自治区、河南省、甘肃省、广东省四个国家水权试点的运行情况来看，存在水权交易成交笔数较少的问题。从发展进程看，我国水权市场发育比较缓慢，整体上处于起步和培育阶段，用水户参与水权交易的积极性未被充分激发，水权市场活跃度有较大提升空间。

经过多年来的积极探索，目前我国已经形成了区域水权交易、取水权交易、灌溉用水户水权交易、流域上下游水权交易等多种交易形式。然而，着眼于近二十年来涌现的百余例水权交易案例，多数为用水企业与灌区之间发生的行业间取水权交易及灌溉用水户水权交易，其中 2019 年以来灌溉用水户水权交易笔数迅速

① 源自中国水权交易所官网（http://www.cwex.org.cn/），书中数据是经过整合计算而来。

增长，2019 年 1～8 月成交数量达到 80 笔[①]。同时，有的国家水权试点尚停留在水资源使用权确权登记阶段，预设的灌区内农户间、农民用水户协会间等形式的水权交易未有实质性推进。尽管灌溉用水户交易笔数有明显增长，但总交易水量非常低，占总交易水量的比例不到 1%，这与世界范围内主要以个体用水户为交易主体的水权实践存在较大差异。

2.2.2 水权交易中市场机制作用发挥不充分

水权交易中政府承担多重角色。由于水资源为典型的准公共物品，即使是发达国家在水权交易管理方面也都制定了较严格的制度框架。胡鞍钢和王亚华（2001）、汪恕诚（2001）等较早指出我国水权市场是在政府管理之下的一个“准市场”。基于“准市场”这一框架，理论上水权市场建设中政府应侧重于水资源宏观调控和配置、水权制度建立和健全、水权市场监管体系构建、水权交易舆论环境营造等方面作用的发挥。然而，在我国水权市场发展的实践探索中政府既是水资源的宏观调控者和监管者、水资源管理政策的制定者和执行者，也是水权交易的直接推动者和参与者。政府角色的多元化使得我国水权市场相较于基于市场主体平等自主的市场交易还有相当距离。

水权交易多由政府引导。在不同形式的水权交易中，政府发挥了不同程度的引导作用。跨区域水权交易通常在政府强力推动和引导下进行，如河南省水权试点工作开展以来南阳—新郑、南阳—登封、新密—平顶山的跨区域水权交易中，地方政府及其水行政主管部门发挥了交易主体的作用。行业间取水权交易的基本动力来自市场收益，然而在我国行业间水权交易的具体实践中政府推动和引导作用依然存在。以国家水权试点之一——内蒙古自治区黄河干流盟市间的水权流转为例，它是内蒙古水权收储转让中心与鄂尔多斯、乌海、阿拉善盟三个盟市五家企业之间的公开交易，交易过程中区政府、区水行政主管部门及其灌溉管理局全程推动并参与，而灌区组织和灌区用水户等真正的交易主体在交易过程中处于被动地位。即使是发生在个体之间的灌溉用水户水权交易，也有部分由地方水行政主管部门推动并直接参与。因此，在我国水权交易的实践中，政府与市场的作用边界模糊，政府干预与水权市场竞争机制有效性不足并存。

水权交易模式单一。市场交易方式主要有协议转让和公开交易两类，一个成熟的市场更多采用的是公开交易方式。基于对近年来发生的国内水权交易事例的

① 根据水权交易所数据大厅数据整理而来 http://cwex.org.cn/lising/。

梳理，发现交易双方大多采取在水权交易平台的协调下，通过洽谈、协商以协议转让的方式实现交易，少数采取先政府回购、后公开交易并再次投放市场的方式进行。以协议转让方式为主的水权交易方式表明我国水权市场竞争机制不够完善，市场发育尚不成熟，这就使得水资源的市场化配置难以真正实现。

2.2.3 水权市场制度建设尚未完成

水权交易法律法规有待完善。从内容上看，《中华人民共和国水法》（以下简称《水法》）、《取水许可和水资源费征收管理条例》等法律法规制定较早，侧重于水资源行政管理，较少涉及水权交易、水权市场等方面内容，与当前我国水权制度改革的趋势和法律保障要求不完全匹配。同时，上述涉水法律法规与《物权法》中的相关内容未能完全对接。例如，《物权法》第三编用益物权中的第一百二十三条规定："依法取得的探矿权、采矿权、取水权和使用水域、滩涂从事养殖、捕捞的权利受法律保护。"这就明确了将取水权纳入到用益物权范畴中；而《水法》《取水许可和水资源费征收管理条例》虽确立了取水权，但未就取水权的权利内容做出明确规定，导致取水权缺乏作为用益物权的物权性、流转性等基本属性。

水权交易规则体系有待统一，配套保障制度有待健全。目前我国水权交易规则有的由水利部发布，有的由地方政府发布，不同层级或地区之间的水权交易规则存在不一致现象。例如，就水权交易主体而言，通过交易转让水权的一方称转让方，取得水权的一方称受让方。依照《广东省水权交易管理试行办法》，"水权交易的转让方包括依法取得取水权的取水单位和用水总量尚未达到该行政区域用水总量控制指标的县级以上人民政府。水权交易的受让方包括需要新增取水的取水单位和需要新增用水总量控制指标的县级以上人民政府"，即水权交易主体为取水单位或县级以上人民政府，未包含个人；而根据《水权交易管理暂行办法》，区域水权交易以"县级以上地方人民政府或者其授权的部门、单位为主体"、取水权交易以"获得取水权的单位或者个人（包括除城镇公共供水企业外的工业、农业、服务业取水权人）"为主体、灌溉用水户水权交易以"已明确用水权益的灌溉用水户或者用水组织"为主体，即水权交易主体包含了获得取水权的个人及已明确用水权益的灌溉用水户。

另外，我国水权交易市场尚未形成充分的制度安排，诸如水权初始分配执行的强制性约束机制、水资源使用的监督惩罚机制、水权交易的冲突调解机制，以及对生态影响和第三方利益的补偿机制等有待建立和健全。

2.3 水权市场困境产生的经济学分析

根据经济学中的产权理论、交易成本理论和外部性理论，水资源产权界定的明晰性、水权初始分配的合理性、水权交易流转中交易成本的大小，以及外部效应的存在等诸多因素均会对水权交易活动产生直接作用，影响着水权市场竞争机制的有效性。我国水权交易的实践探索中存在上述四个方面的不利因素，同时我国有着特殊的现实国情条件，这些因素共同作用并导致水权市场的发展陷于困境。

2.3.1 水权界定有待明晰

水资源作为一种特殊的资产，具有准公共物品属性，较之普通经济资产其产权问题要复杂得多。我国《水法》第三条明确规定："水资源属于国家所有。水资源的所有权由国务院代表国家行使。"然而，现行法律对水资源所有权行使、水资源使用权和收益权等相关权利的规定不够明晰，存在产权残缺问题，主要表现为以下方面。

（1）水资源国家所有制存在局限性，水权呈现排他性残缺。基于现行《水法》中"水资源属于国家所有"这一规定，水资源为典型的公共产权资源，具有天然的非排他性。然而，《水法》未明确规定国家如何行使所有权。实践中经由各级政府和部门之间的多层委托，我国水资源的所有权实质上由各地地方政府及其水行政主管部门代理行使，这就形成了国家对水资源的所有权处于虚置状态，即事实上的水资源共有产权结构。由此，引发了各地区在利益诱导下对水资源的过度开发利用，水资源利用效率不高、浪费现象严重，以及水污染加剧等问题，进而对水权交易市场发展带来了潜在的负面影响。另外，《水法》第三条规定："农村集体经济组织的水塘和由农村集体经济组织修建管理的水库中的水，归各该农村集体经济组织使用。"但是，目前对于农村集体经济组织成员资格缺乏法律解释，权益主体确定标准不够明确。因此，我国水资源所有权主体存在事实上的缺位现象，导致水权排他性残缺。

（2）水权细分程度不高，存在转让性残缺。我国已有法律明确规定了水资源的所有权，但对水资源使用、收益、处置等权利缺乏具体规定，水权未能得到有效的分离，这必然导致水资源的转让性残缺，阻碍水权交易市场的发展。实行取水许可和转让制度之后，取水单位和个人在向水行政主管部门或流域管理机构缴纳水资源费后拥有了水资源使用、收益、处置权，可以按照事先设定的取水量、用途等在有效期内使用水资源，对于节约的水资源可以进行有偿转让，一定程度上实现了水资源所有权和使用权的分离。然而，现行取水许可制度下取水权的获得采取“无偿取得，有偿（低价）使用”的原则，水资源费偏低，以及取水权人权利不清晰、取水期限设定较短等制度设计上的缺陷均不利于水权交易的开展。同时，根据《取水许可和水资源费征收管理条例》，“下列情形不需要申请领取取水许可证：（一）农村集体经济组织及其成员使用本集体经济组织的水塘、水库中的水的；（二）家庭生活和零星散养、圈养畜禽饮用等少量取水的；（三）为保障矿井等地下工程施工安全和生产安全必须进行临时应急取（排）水的；（四）为消除对公共安全或者公共利益的危害临时应急取水的；（五）为农业抗旱和维护生态与环境必须临时应急取水的”，而现实中各利益相关者之间存在利益冲突。因此，实践中很可能出现过度使用水资源情况，不利于水资源的节约使用和高效利用，有悖于建设节水型社会的目标，阻碍水权交易的发展。

Coase（1937）指出，不同产权制度和法律制度安排具有不同的激励作用，进而导致不同的资源配置效率。由此，有效的水资源配置机制应以产权清晰、完整为前提条件。只有水资源产权明晰且权能完整，实践中才能合理规范水资源开发和利用行为，实现市场对水资源的优化配置作用。水资源产权问题比较复杂，涉及各相关主体的切身利益，在加强水资源产权理论研究的同时，实践层面我国尤其需要推进并完善水权界定工作，明晰水资源产权和各方权益，减少利益纠纷，保证市场机制能够正常发挥作用。

2.3.2　水权初始分配机制有待创新

就我国水权初始分配而言，其总体思路是明晰水权，实行用水总量控制下的定额管理，即同时实施总量控制和微观定额两套指标，通过总量和定额双重控制将水权配置到每一个用水单元；基于全国供水需水、现有水资源量及经济和社会发展情况进行平衡分析，在此基础上再进行区域、行业配置，并实行最严格的水资源管理制度。当前我国水权初始分配仍存在一定的不合理性，水资源尚未实现高效率的配置，具体表现为以下几方面。

（1）水权初始分配以政府行政管理为主。已有研究表明，水权初始分配应该遵循政府宏观调控与民主协商原则，既需要政府行使水行政管理和执法职能，也需要走群众路线。然而基于行政分水传统，实践中各流域分水方案确定的用水指标仅到省级，各市、区县及用水户组织的用水指标配置不够明确，处于松散的软约束状态，因此各地方政府在水权初始配置上有较大的主动权。由于利益主体的多元化及有待健全的民主协商机制，水权初始分配难以完全做到合理、公平。这在一定程度上导致省区市间、地区间、行业间、用水户间的水权交易存在障碍，并形成以地方政府为主导的水权交易模式。

（2）初始水权尚未分配到个体用水户。在我国，经过上下级政府之间的层层委托，最后水权分配到机构或灌区。特别是现有国情条件下农业领域的水权通常仅分配到灌区，未能分配到灌溉用水户。现有水权分配制度下灌溉用水户的节水意识及水资源利用效率难以提高，进而对水权市场的发展带来不利影响。实际上，即使水权分配到灌溉用水户，囿于人均土地资源、人均水资源禀赋约束，通过水权市场交易能获取的潜在收益比较有限，这同样会对灌溉用水户的交易意愿产生负面影响，尤其是对西部缺水地区的影响更为突出。因此，现有的水权初始分配制度可以视为是基于我国国情条件下的次优制度安排。

（3）水权初始分配存在多种优先模式。对于水资源使用权的优先次序确定，我国《水法》规定"开发、利用水资源，应当首先满足城乡居民生活用水，并兼顾农业、工业、生态环境用水以及航运等需要"。各国经验表明，事实上水权初始分配中存在着时间优先、地域优先等多种模式。我国也不例外，在水权分配实践中通常以水资源使用时间先后为基础，即时间优先模式表现为先引水的地区或组织优先拥有水资源使用权。同时，从地域而言，水源地和上游地区较之其他地区、靠近流域地区较之远离流域地区、流域内地区较之流域外地区可以优先使用水资源。时间、地域优先模式下上游地区的用水需求得以充分保证，但由于水权初始分配缺乏有效的激励机制，容易在这一地区出现水资源超量使用和浪费现象；中下游地区对水资源有迫切需求但难以保证，特别是下游地区容易出现水资源短缺现象。例如，长江流域位于三峡工程下游的湖北省区、湖南洞庭湖区每到蓄水期都会遭受严重的旱情；海河流域的河北、河南、山西等省份由于缺水经常自觉或不自觉地卷入"工程抢水"的大战中。现实中不同水权资源初始分配的不均衡容易引发流域内各相关利益主体之间的矛盾，进而影响到流域水权交易活动的开展。

（4）水权初始分配执行有待更严格的约束监管。实践中我国各级水行政主管部门承担着涉水政策法规、水务发展规划和计划制订和实施，水资源分配和调度，以及取水许可制度组织实施等诸多职责，可能难以兼顾对水权初始分配执行的严格约束监管，从而影响取水权在不同区域、部门之间的有效配置。由此，一方面，有些地方政府或用水户寄希望于通过向上级政府或有关部门申请应急调水甚至是其他途径来获取更多的水资源，通过不合规行为创造市场势力。而一旦市场势力产生，将会影响二级流转市场的水权交易价格，从而对水权市场的正常运行带来影响。另一方面，容易引起用水户对政府水权初始分配合理性的质疑，使得部分水资源被间接地置于公共领域，这同样会影响潜在水权交易主体的市场交易行为选择——每个用水户都有基于个体理性而取用多于初始分配确定的水资源量，以获取更多收益的机会主义冲动，进而导致“公地悲剧”局面。

水权初始分配是水权交易的逻辑起点和实践基础，是水资源合理配置和有效利用的一个关键环节。从经济学角度来看，水权初始分配事实上是各地区、各行业、各部门之间的一种利益分配，涉及政治、经济、生活、生态等方面，是多元利益博弈的结果。水权初始分配是否公平、合理，将直接影响到水权交易市场的发育和运行。基于水资源所有权隶属于国家的公共属性，为促进水权市场发挥对水资源优化配置作用，需要政府积极探索创新水权初始分配机制，提高水权初始配置质量。

2.3.3　水权交易程序复杂，存在较高交易成本

与交易过程相伴而生的是交易成本问题。由于水资源的特殊性，水权交易实施程序复杂，其交易成本构成有其自身的特点。一般而言，水权交易流程主要涉及水权交易申请、材料审核与申请公示、协议签订、工程措施与交易制度等非工程措施实施、水权变更登记手续办理等环节。基于以上交易流程，本书认为水权市场交易成本主要由信息搜寻成本、讨价还价成本、合约签订成本、水权计量成本、监管成本、交易秩序维护成本、寻求赔偿成本等组成，并将之概括为信息、产权、监管、制度四个方面，如图 2-1 所示。

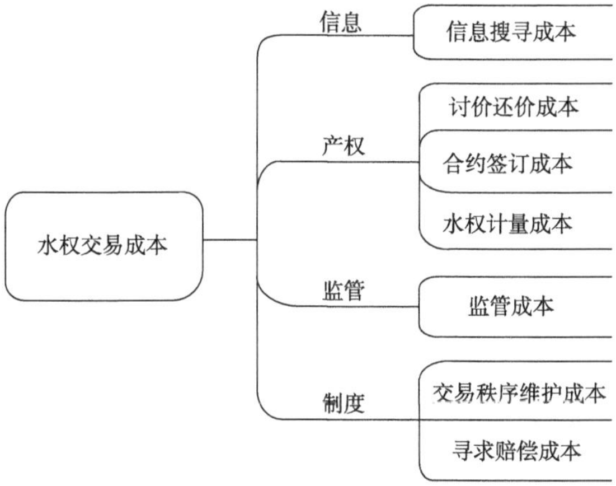

图 2-1　水权市场交易成本的构成

受复杂交易程序及其他客观条件制约，在我国水权交易的实践中交易者面临着较高的交易成本。首先，在交易过程中，信息是交易者进行交易的基本依据。

我国的水权交易一定程度上仍属于新事物，用水户对水权交易存在认知局限，加上水权交易环境复杂，交易双方之间容易产生信息不对称。然而，在我国规范的水权交易平台比较缺乏，目前除中国水权交易所外，仅有内蒙古、河南成立了水权收储转让中心；各地农民用水户协会的建设有待规范化，其作用发挥有待加强。因此，我国水权交易参与者在寻求交易对象、搜集并确证水权信息时面临着较高的信息搜寻成本。

其次，水权交易的过程实际上是水资源产权相互转让的过程，交易者为获取和维护水权需要承担讨价还价成本、合约签订成本和水权计量成本等。水权交易的买卖双方需综合考虑各方面的因素，通过讨价还价确定一个能够实现双赢的价格，并通过签订合约的方式来最小化违约风险，保护自己的权益。水权交易高度依赖于计量监测技术和设施，然而目前我国部分工农业取水尚未实施计量监测。同时，水权交易也离不开输水工程设施及节水技术，尤其是跨水权交易对输水管道设施要求较高。可见，我国水权交易的顺利推进需要大量的资金投入、付出较高的成本，尤其在基础设施建设方面。

再次，水资源的日益短缺使得其经济价值更加明显，无论各级政府还是具体用水户，其自利行为都会增加水权交易市场的不确定性风险，交易过程中容易发生机会主义冲动甚至侵权行为。因此，从一级水权初始分配市场到二级水权交易市场都离不开监督管理。然而，由于水资源的特殊属性及我国地大物博、地区发展不均衡等特殊国情，对水权市场进行有效监管存在较大困难。为了确保水权市场能够公平、安全运行，政府及相关机构面临着较高的监管成本。

最后，制度建设的目的是为经济主体的市场行为提供一种指引和行为准绳，降低道德风险。通常情况下水权交易中各级用水户是寻求利益最大化的理性经济人，在缺乏强制性约束监管机制的情形下很可能产生投机行为或者违约行为。因此，为了维护水权市场秩序、制裁违规行为、追究违规责任，有必要建立和完善水权交易管理制度。根据制度经济学理论，每一项能带来预期收益的制度安排和实施都需要耗费成本，由此，建立一整套的水权市场交易管理制度需要付出较高的成本。

根据科斯第一定理，如果交易成本为零，无论初始产权如何安排，市场机制会自动实现帕累托最优；反之，如果存在交易成本，即使产权明确，市场交易也不能实现资源的最优配置。可见，我国水权市场存在的较高的交易成本必然会对市场运行带来负面影响。水权交易成本大小会直接影响用水户的交易意愿，进而影响到市场交易的成交量及市场绩效的高低。因此，如何降低水权信息搜寻成本、水资源产权转移成本、水权市场监管成本、水权交易制度成本是增强水权市场运行有效性的关键。

2.3.4 水资源属性特殊，水权交易外部效应突出

由于水文的独特规律及水资源的流动性、准公共物品等特殊属性，水权交易中不可避免地存在外部性问题。水权市场中交易主体的经济行为对第三方的利益造成损害或给其带来收益，而第三方没有为其受到的损害获得应有的补偿，或者未对其得到的额外收益支付相应的费用，于是产生外部效应。水权交易外部效应表现为正外部效应和负外部效应两类，两者都对水权市场效率有影响，抑制市场机制对水资源的优化配置功能。我国水权交易中外部效应较为突出，成为水权市场失效的主要原因之一。

水权交易正外部效应有多种表现形式，本书主要从供求角度出发探讨水权交易正外部性及其对水权市场有效需求产生的影响。这里水权交易正外部效应主要源于水权消费产生的利益外溢，即需水户在购买水权投入使用后所产生的利益主要由购买者直接享有，但还有一部分利益由购买者之外的其他用水户享有。例如，对于灌溉用水户间的水权交易而言，水权购买者的灌溉用水可能会流入或渗透到其他农户的耕田，进而促进其作物生长、增加其农作物经济收益。水权交易中的利益外溢使得水权消费者的边际私人收益（marginal private revenue，MPR）小于整个社会从该消费中获得的边际社会收益（marginal social revenue，MSR），从而产生边际净收益即正外部效应。水权交易中存在的正外部效应将引发水权有效需求不足现象，使得水权市场处于低效率状态。如图 2-2 所示，根据经济学中边际收益（marginal benefit，MB）等于边际成本（marginal cost，MC）时总收益最大这一原理，理性的用水户从自身收益最大化出发，在 A 点处获取最大收益，其最佳私人消费量为 Q_1。然而此时边际社会收益超过边际成本，对于全社会而言尚未实现收益最大化。市场出清所要求的最优水权消费量为 Q_2，且 $Q_2>Q_1$。因此，由于存在正外部效应，用水户的水权实际消费水平低于全社会最佳均衡水平，水权市场呈现有效需求不足，即水权交易不活跃的困境。

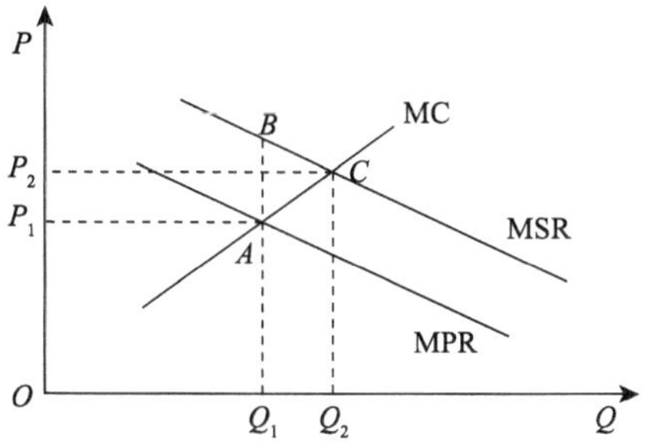

图 2-2　水权交易的正外部效应与有效需求不足

综上所述，我国水权市场实践探索中出现的困境固然受到水权界定、水权初始分配、交易成本、外部效应等因素的不利影响，同时也受到国情条件特殊性的制约。例如，水资源国有制下委托人和代理人之间行为和目标不一致、历史悠久的水资源配置行政控制、多元利益主体间的“零和博弈”、资源禀赋约束、水利基础设施建设不到位等因素均直接或间接地影响到水权市场机制的作用发挥。其中，由于水权交易市场涉及众多利益相关者，各利益相关者之间由于地位和角色的不同存在或多或少的利益冲突，从长远来看，这些冲突和矛盾将不仅限制水资源的高效利用，而且将阻碍加快建设健康的水权交易市场的步伐。对此，本书基于利益相关者理论视角，重点剖析水权市场建设中多元主体利益冲突背后的博弈行为，据此提出多元主体间的利益平衡机制，这将有助于有效避免各利益主体间的“冲突内耗”与“零和博弈”，继而推进水权市场建设并促进水权市场机制作用的发挥。

2.4　水权市场建设中多元主体利益冲突背后的博弈与平衡

理论研究和各国水权市场运行的实践表明，水权市场建设固然受到交易成本、第三方负效应、不确定性等因素的影响，同时也受到环境条件和相关者行为复杂性的影响。特别地，在我国特殊的国情因素下，水权市场涉及众多利益相关者，彼此之间利益关系复杂，而各利益相关主体之间由于地位和角色的不同存在不同程度的利益冲突。尤其在水权市场建设的培育期和成长期，多元利益主体在进行策略选择时，会利用各种导致“市场失灵”和“政府失灵”的机制设计漏洞，以私利损害公利，单方面采取符合自身利益最大化的行动策略，一旦现有的经济政策与管理体制无法调和各利益相关者的利益诉求，多元利益主体之间的矛盾将被激化，由此引发水权交易整体福利的减损。从长远来看，这种持续性交易福利的减损不仅限制水资源的高效利用，而且阻碍健康水权市场建设的步伐。对此，通过聚焦水权市场利益相关者的冲突焦点，剖析水权市场多元主体利益博弈行为选择的主观偏好与客观条件，从而为有效避免各利益主体间的“冲突内耗”与“零和博弈”提供政策建议，这对于推动水资源管理改革进程和促进水权市场有效运行具有重要的理论借鉴和现实意义。

2.4.1 利益相关者理论及分类标准

20 世纪 60 年代，利益相关者理论最初作为一种企业管理理论从西方传播而来，并随着理论研究和实际应用的深入，逐渐为人们所了解和熟悉。利益相关者理论以产权理论和契约理论作为理论基础，目前已经形成了较完善的理论框架，同时被广泛应用于诸如生态管理、公共管理、自然资源管理及其他相关领域。

斯坦福研究所（Stanford Research Institute，SRI）[①]于 1963 年首次提出利益相关者的概念，其核心思想在于，若没有利益相关者的支持，组织则无法生存。然而，除了学术界和业界在企业管理中考虑利益相关者的利益，该概念并未引起更多的关注。随着贸易一体化和经济全球化进程的加快，人们逐渐意识到原有利益相关者的定义在视角上的狭隘性。在学界，不断有学者从不同视角对利益相关者的概念进行新的界定。学者主要从一般企业治理、行业治理、公共资源治理等多个视角对利益相关者的概念进行了扩充和完善，如 Freeman（1984）、Clarkson（1995）、Frederick（1988）、Charkham（1992）、Wheeler 和 Sillanpää（1998）等。当前，学术界较为认可的利益相关者的概念可以划分为广义和狭义两种。其中，广义概念主要延续了 Freeman（1984）的基本观点，即“那些能够影响企业目标实现，或者能够被企业实现目标的过程影响的任何个人或群体”。从广义角度而言，股东、债权人、雇员、供应商、消费者、政府部门、相关的社会组织和社会团体、周边的社会成员等全都归入利益相关者的范畴。狭义概念则主要承袭了 SRI（1963）最初的观点。狭义上，利益相关者可能会在企业中投入一些人力资本、财务资本、实物资本或者其他有价值的东西，并由此承担了某些形式的风险，即他们因企业活动而承受一定的风险。显然，狭义的利益相关者排除了政府部门、社会组织和社会团体、社会成员等。基于水权市场的特性，本书认为，水权市场中的利益相关者是指在水权交易过程中对交易产生促成作用或交易完成前后利益受到影响的个人或群体。

与此同时，美国经济学家 Freeman（1984）在其著作《战略管理：利益相关者管理的分析方法》中明确提出了利益相关者管理理论，其核心思想在于企业经营管理者为综合平衡各个利益相关者的利益要求而进行的管理活动。随后，利益相关者理论伴随着研究范围的扩大和研究内容的拓展而不断发展，它是一种根据适用情景变化而动态调整的现代管理理论，本质上要求组织决策层

① 1977 年更名为 SRI International，斯坦福国际研究所。

在进行策略选择时应当基于利益相关者视角的协同治理框架，最大限度地满足多元主体的利益诉求，以此提高多元利益主体对组织的满意度和支持度，促进组织的健康持续发展。相较于前期的利益相关者概念，该理论从更加广义的角度强调了利益相关者的界定范围，其不仅包括对企业目标有直接影响的个人与群体，还包括对企业目标、组织活动存在直接或间接、或大或小影响的所有个人与群体。

实践中，多元利益主体影响组织事务的能力或者受组织决策影响的程度存在差异，并且这种差异随着时间的推移而动态变化。对此，学者基于不同的划分维度和标准对利益相关者的分类给出了多种解读。国外学者对利益相关者的分类经历了从“多维细分”到“属性评分”的不断深化的过程。基于所有权、经济依赖性，以及社会利益三个属性，Freeman（1984）将利益相关者划分为相应的三类，即所有权利益相关者、经济依赖性利益相关者和社会利益相关者。随后，根据利益相关者与企业关系的差异，Frederick（1988）将其划分为直接利益相关者和间接利益相关者；Savage 等（1991）将利益相关者按照威胁或合作潜力的因素划分为支持型、边缘型、混合型和反对型四类；根据企业经营过程中利益相关者群体承担风险的种类；Clarkson（1995）将其区分为自愿利益相关者、非自愿利益相关者两类。在众多学者的共同努力下，利益相关者理论已经形成了较完善的理论体系，并在实际应用中取得了较好效果。美国学者 Mitchell 等（1997）提出一种简单易行的评分法来区分利益相关者。他们认为合法性、权力性、紧急性是利益相关者必须具备的三个属性，可根据这三个属性对利益相关者进行综合评分，从而将利益相关者分为确定型、预期型和潜在型三类。其中包括：①确定型利益相关者。该群体对组织事务同时拥有合法性、权力性和紧急性，对组织的生存发展至关重要。②预期型利益相关者。这一群体拥有上述三项属性中的任意两项，通常对参与组织各项事宜持以积极的姿态，并期望组织决策层能够更有效地满足他们的利益诉求。③潜在型利益相关者。该群体仅拥有合法性、权力性和紧急性三项属性中的一项，其与组织决策层之间的利益属性不是很明显。

在国内，学界常借鉴国外文献中较多提及的“多维细分法”“米切尔评分法”的思路。陈宏辉和贾生华（2003）将利益相关者按照主动性、重要性和紧急性三个属性进行分类，并应用评分法将利益相关者分为核心利益相关者、蛰伏利益相关者和边缘利益相关者三类。吴玲（2006）从资源基础理论的维度出发，将不同性质、不同技术特征和不同生命周期阶段的企业利益相关者划分为四类，具体包括关键利益相关者、重要利益相关者、一般利益相关者和边缘利益相关者。

利益相关者理论自产生以来经历了从“利益相关者影响”到“利益相关者

参与”再到“利益相关者治理”的过程（马国勇和陈红，2014），在理论研究和实际运用中的影响力度日益增长。近年来，该理论逐渐结合博弈论方法被应用到自然资源研究中，包括水资源、农业资源、土地资源和生态补偿领域等（李凌，2005；陈菁等，2008；冯保清，2013）。特别地，在水资源的配置与交易研究中，学术界在冲突协调模型与冲突治理对策两方面已有较多探索。在冲突协调模型方面，国内外学者基于不同因素的考量对水权领域多主体水资源冲突问题展开了广泛讨论（谭佳音和蒋大奎，2017；Gorredale，1992；Swatuk，2015；牛文娟等，2014；孙东营等，2014；Saleh et al.，2011）。谭佳音和蒋大奎（2017）基于水权市场参与主体行为的考量构建了情景分析模型。Gorredale（1992）将流域最小生态需求引入冲突博弈模型，以此构建了可持续发展模型。Swatuk（2015）在兼顾水资源协调分配协调过程中产生的冲突与合作基础上，将基尼系数纳入水资源分配模型中，对流域水资源冲突问题进行了深入研究。在冲突治理对策方面，国外学者基于虚拟水视角针对水资源的高效利用进行了研究（da Silva et al.，2016；Furber et al.，2016；Mianabadi et al.，2014；Fader et al.，2010）。Furber 等（2016）为平衡不同参与主体的取水利益，提出了一项新的水资源管理计划，即通过衡量各取水者对水资源总量的贡献来确定取水主体的取水量。国内学者从跨流域水权交易角度为水资源的冲突治理提供了指导建议（王合创等，2019；车小磊，2018；刘世庆等，2016；刘溶剑等，2013）。王合创等（2019）通过对疏勒河流域不同地区之间用水博弈、政府与用水户之间博弈行为的分析，揭示了由区位水资源禀赋条件差异、政府与用水户两者目标差异而引起的冲突，提出并探讨相应的治理机制，从而为西北干旱地区的水权市场建设提供了可复制推广的独特经验。车小磊（2018）基于广东省水权交易试点的实践，探索出了一套较为成熟的上下游水权交易模式，将东江流域上游的资源优势转化为了经济优势。刘溶剑等（2013）通过将个体信念调整规则纳入一般水资源冲突治理模型，揭示出影响利益主体行为的重要因素，进而为建立政府奖惩机制缓解跨界水资源冲突这一举措提供实验证据。

概而言之，已有关于水权市场建设中水资源冲突问题的研究，多应用单一的博弈模型，较少考虑水权交易领域涉及的多元主体之间的利益博弈行为与平衡路径。鉴于此，本书从利益相关者理论出发，关注水权交易领域的利益冲突问题，重点剖析政府部门、用水户（用水户协会）和水权交易所这三个核心利益相关者之间的博弈行为，并提出满足各利益相关者利益共赢的路径，以期有效地规避各利益相关主体之间的“冲突内耗”和“零和博弈”，加快推动建设健康、高效的水权交易市场的进程。

2.4.2　水权市场建设中多元主体的利益诉求分析

1. 水权市场建设中利益相关者的组成

对水权市场多元利益主体的识别是进行利益诉求及其行为选择偏好分析的前提，这需要借鉴学界提出的利益相关者的分类方法。在前述众多学者对利益相关者的分类中，Mitchell 等（1997）提出的动态分类法——米切尔分类法具有较好的操作性，从而成为利益相关者的主要划分标准和实施办法。该方法依据合法性、权力性和紧急性这三个属性将组织涉及的多元利益主体区分为确定型、预期型和潜在型三类。针对我国现实国情下的水权交易市场而言，其涉及的利益相关者主要有政府部门、用水户、水权交易所、农民用水户协会、媒体和学术界①②。进一步地，借鉴米切尔分类法将上述利益相关者进行分类，并对各利益相关主体的角色定位和角色功能进行简要介绍（表 2-1）。

表 2-1　水权交易市场利益相关者的分类与角色定位

<table>
<tr><th colspan="2" rowspan="2">分类利益相关者</th><th rowspan="2">合法性</th><th rowspan="2">权力性</th><th rowspan="2">紧急性</th><th rowspan="2">角色定位</th><th colspan="2">角色功能</th></tr>
<tr><th>职责</th><th>目标</th></tr>
<tr><td rowspan="2">确定型</td><td>政府部门</td><td>高</td><td>高</td><td>高</td><td>监督者</td><td>监管市场违规行为</td><td>实现公共利益最大化</td></tr>
<tr><td>用水户</td><td>高</td><td>高</td><td>高</td><td>交易方</td><td>买卖结余水权</td><td>实现个人利益最大化；承担社会责任</td></tr>
<tr><td rowspan="2">预期型</td><td>水权交易所</td><td>高</td><td>中—递增</td><td>中—递增</td><td>协调者</td><td>提供交易场所；
维护交易秩序；
制定交易规则；
公告交易信息</td><td>实现公共利益最大化</td></tr>
<tr><td>农民用水户协会</td><td>高</td><td>中—递增</td><td>中—递增</td><td>协调者/监督者</td><td>引导农民参与水权制度改革；
宣传交易政策；
规范用水秩序；
加快水权流转</td><td>维护农业用水户权益；
承担生态环境保护责任</td></tr>
<tr><td rowspan="2">潜在型</td><td>媒体</td><td>高</td><td>中—递增</td><td>低—递增</td><td>监督者</td><td>传播信息；
引导舆论</td><td rowspan="2">实现公共利益和个人利益共赢</td></tr>
<tr><td>学术界</td><td>高</td><td>低—递增</td><td>低—递增</td><td>监督者</td><td>理论支持；
技术指导</td></tr>
</table>

① 水权市场利益相关者在水权交易主体基础上进行拓展。从行业或部门间水权交易、农户间水权交易的主体来看，主要涵盖工业用水户、灌溉用水户，以及农业用水合作组织、灌区水管部门等用水组织。

② 政府部门主要涵盖各省（自治区、直辖市）、市、区县政府部门及水行政主管部门；用水户包括农业用水户和工业用水户。

从当前我国水权市场运行现状来看，媒体和学术界作为代表公众监管的潜在型利益相关群体，属于水权市场的非核心利益相关者，这主要是由我国现行的相关法律法规所决定的。因而，本书以政府部门、用水户、水权交易所、农民用水户协会作为水权交易市场的核心利益相关者进行后续分析。

2. 核心利益相关者的利益诉求

1）政府部门

政府部门作为社会公共事务管理的主体，主管公共产品和服务的有效供给，以服务社会、促进公平为核心价值。就我国现实国情下的水权市场而言，一方面，政府部门应积极承担水权市场建设中的经济责任，以水权市场管理者的身份，提供财政金融支持，加强水利基础设施建设，设计和调整水权交易机制，保障不同行业水资源的有效供给，实现水资源的宏观调控与高效配置。另一方面，政府部门应兼顾水权市场建设过程中的社会责任，以水权市场监管者的身份，监管市场违规行为，营造良好的水权交易舆论环境，提高公众维权参与度，贯彻生态行为理念，维护水权交易的公共利益和社会公平。

2）用水户

用水户作为水权交易市场的核心主体，是水权交易的直接受益人。一方面，从经济效益导向来看，用水户参与水权交易活动的根本目的在于满足自身用水需求的同时降低用水成本，实现个人经济利益最大化。另一方面，从社会责任导向来看，用水户作为社会组织的参与主体，理应承担相应的水生态保护责任，按需取水、规范用水。一旦水资源肆意浪费、水资源用途擅自变更、水生态环境恶化等问题显现，不仅会导致自身经济福利的流失，还可能引发全国范围内的水危机。

然而，由于现阶段我国水权交易监管机制和社会责任激励机制的不完善，以及理性经济人利益最大化的偏好，用水户在水权交易过程中通常不会主动承担社会责任，更倾向于谋求自身利益最大化。用水户为实现水权交易预期目标会有以下选择：或者参与市场公平竞争，或者采取一系列寻租手段。通过公平市场参与竞争谋求利益最大化的用水户，需要不断改进节水技术和提高自身的资信评级。而通过采取寻租手段谋求利益最大化的用水户，只需要付出相对较少的寻租成本就可以获得更多的利润，这与通过激烈的市场竞争获利的方式相比能够节约更多的人力和物力。因此，用水户更愿意采取游说等手段获取更多的额外收益。

3）水权交易所

水权交易所作为水权市场上拥有独立身份的“第三方”，主要扮演水权交易信息的传递者和水权交易撮合的协调者角色。作为水权交易撮合的协调者，水权交易所承担着多项具体职责，如审查交易双方的资质条件、健全交易主体的信用评级，以及筛选和匹配水质、水量、交易底价等交易信息，尽可能地促成更多的水权交易，并提高交易撮合效率。作为水权交易信息的传递者，水权交易所在整个水权市场上占据着多边信息优势，同时肩负着营造健康的水权交易生态环境的社会责任，这一特殊属性要求交易所理应以独立的“第三方”履行水权交易信息传递职责。但是，由于交易所被赋予的自由裁量权的集中和水权交易监管机制的不完善，水权交易所工作人员可能倾向于选择不尽责履行传递交易信息和促成交易达成等职责。

4）农民用水户协会

农民用水户协会是实现水资源优化配置的重要手段之一。作为农业用水户自发组建的实行自我服务、民主管理的农民用水合作组织，农民用水户协会在水权交易中被赋予代表农业用水户意愿的法律主体地位，使得跨区域、跨行业水权交易更加方便和快捷，更好地满足不同区域、行业规模性用水需求。从经济效益导向来看，农民用水户协会作为农业用水户在水权交易市场上的经理人，应当在法定授权范围内，通过收储单个农业用水户的少量结余水权，经由水权交易平台统一向规模性用水需求方转让结余水权，为农业用水户谋求交易利益的最大化。从社会责任导向来看，农民用水户协会作为维护农业用水户利益、公共利益，以及保护生态环境的组织，承担着引导农户参与水权制度改革、规范用水秩序等社会职责。

然而，由于农民用水户协会主体构成的特殊属性，其在权衡个体经济效益与社会公共服务责任时难以准确理性地保障公共利益。实践中，农民用水户协会在参与水权交易的过程中，会利用其信息优势和垄断地位抢占价格主导地位，以组织形式追逐用水户的利益诉求，同时获取维持协会稳定运行的资金。

总的来说，我国水权市场建设尚处于培育期和成长期，尽管政府部门、用水户、水权交易所、农民用水户协会均同时肩负着内容各异、性质相同的经济责任和社会责任，但由于现有水权市场制度设计的不完善，水权交易实践中上述不同核心利益相关者之间在维护公共利益与追逐个人利益等方面形成了相互交织、错综复杂的矛盾和冲突。

2.4.3 水权市场建设中多元主体利益冲突背后的博弈行为分析

基于上文分析，不难看出，由于水权市场涉及的利益相关者众多，且多元利益主体有着相当的复杂性和高度敏感性，加之各利益相关主体具有不同的利益诉求，一旦现有的经济政策与管理体制无法调和各利益相关者的利益诉求，多元主体之间的利益冲突现象就会出现，同时各利益相关者间始终处于利益合作与竞争的博弈状态（图 2-3），从而对水权市场的健康发展形成阻力。

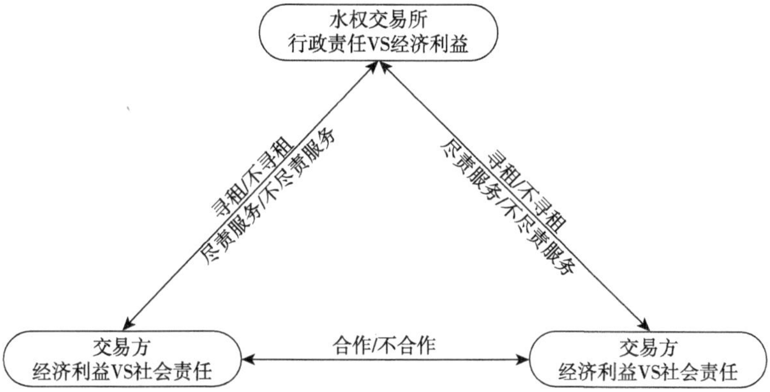

图 2-3　水权市场建设中多元主体间的利益博弈

交易方包括用水户或农民用水户协会等用水组织

1. 水权交易所与交易方之间的利益博弈

水权交易所作为水权交易的平台拥有天然的信息优势。然而，这种信息自由裁量权的集中使得水权交易所可能会通过某些信息传递的非常规手段获取额外收益。例如，水权交易所工作人员在交易信息保密协议的遵循、交易参与方资质要求的设定及出让方水质情况的传递等方面可能存在不合理行为。这将在一定程度上损害水权交易主体之间的利益共赢机制，进而引发水权交易所与交易方之间的潜在利益冲突。

综合前文对水权交易所与交易方之间的利益冲突分析，二者间的利益博弈机制如下：水权交易参与方（包括出让方和受让方）有两种可供选择的策略（寻租，不寻租）；水权交易所经纪人相应地也有两种可供选择的策略（尽责服务，不尽责服务）。交易方与水权交易所工作人员之间的博弈主要有以下行动策略。

一是交易方选择寻租。在不完全竞争市场条件下，水权市场交易价格并非完全由市场供求状况决定，且有着较高的价格弹性，因此，交易双方在交易达成前必然要综合考虑其对水质、水量等的要求。基于交易方选择寻租这一前提，当水权交易所工作人员因此所得的额外收益大于尽责服务产生的成本，则倾向于不尽责服务。此时，寻租方可以凭借其信息优势在交易价格磋商中占据主动地位，尽可能压低交易另一方的利润空间，由此实现自身利益最大化。如果前述所得额外收益不能弥补不尽责服务产生的隐性成本，水权交易所工作人员则选择尽责服务。二是交易方选择不寻租。此时他不需要向水权交易所支付额外的寻租成本，却也面临强势交易方的利润压榨，其收益和寻租情况相比必然也会大幅减少。在这一前提下，水权交易所工作人员可能会选择尽责服务，在水权交易中保持独立、公正的立场，促成水权交易的正常开展，或者也可能为获取更多的佣金促成更多的水权交易量而无法兼顾交易双方的利益诉求。

2. 水权市场交易方之间的利益博弈

当前，我国水权市场发展缓慢，这固然与水权交易机制的不健全有关，然而，交易方之间因信任缺失产生交易福利减损，进而导致自主参与水权交易的积极性不高也是制约水权市场发展的原因之一。实践中，有以下两种表现：一是水权交易违约事件的发生。由于我国水权交易制度和违约惩罚机制的不健全，水权交易协议达成之后，交易方需要按照相关规定办理取水许可变更等手续，在此过程中，一旦水权市场交易价格发生异常波动，交易主体的违约意愿也会更加强烈，从而导致社会经济资源的浪费。二是交易方出现寻租现象。部分交易参与方基于最大化自身收益的考量，会倾向于向水权交易所寻租，从而压缩弱势交易方的利润空间。

通过对水权市场交易方之间的利益冲突分析，可以发现双方间的利益冲突背后存在类似的行为偏好。各交易方可供选择的两种策略为（合作，不合作）。由于水权市场的特殊性，加之信息的严重不对称，交易双方无法准确获知对方的交易需求，或是为获取交易对方的真实交易需求需要付出相当高的成本以至于基本不可取，这就为水权交易所利用掌握交易信息的优势从事某些不合规行为提供了可能性，并将在一定程度上损害弱势交易方的利益。对此，交易双方如果能够在向水权交易所提交交易申请之前共享信息，结成合作联盟，则双方获取的交易收益和不合作情况相比必然增加。然而，问题在于交易各方在进行策略选择时，因担心对方基于个人利益最大化考量而提供虚假的报价信息，会对来自对方的交易信息的真伪存有疑虑。同时对交易信息真伪进行甄别需要耗费大量费用和时间，因此，交易双方为避免人力、物力的浪费，通常选择不合作，更倾向于通过向水权交易所寻租来获取信息资源。另外，由于讨价还价心理的存在，即使交易双方均有合作意向，双方也必然会对交易价格进行反复磋商。值得注意的是，随着时间的推移，交易双方在谈判过程中将会或多或少地承担水资源的耗损和机会成本的增加。因此，从无限重复博弈角度来说，要想最大化交易双方的利益，双方应当同时基于集体理性利益考量，在讨价还价的第一阶段就真实报出让双方均能接受的交易价格。但是，实践中，鉴于交易双方在知识水平、价格敏感度、相对议价能力、政策倾斜程度等方面存在差异，同时用水效益、节水费用等也是影响交易双方出价策略的重要因素，使得交易双方很难在交易的第一阶段就能达到集体理性均衡。由此，构成了水权市场交易方之间的“囚徒困境”。

交易信息的不对称和交易双方的信任缺失使交易一方对于交易对手在水权交易磋商过程中提供的报价信息真实性存有疑虑，但其又不愿花费多余的时间和费用对报价信息真实性加以验证。因此，实践中，水权市场交易双方通常不会采取合作的方式达成交易协议，而选择寻租等方式挤压弱势交易方的利润空间，从而导致水权市场不合规行为的发生。

2.4.4 水权市场建设中多元主体的利益平衡路径

基于上述水权交易多元主体之间的利益博弈分析，不难看出，现阶段水权交易各利益主体间的“冲突内耗”是参与主体职责界定不清、交易制度不健全、市场监管体系不完善、交易信息不透明所致。因此，为在水权市场中形成有效的权力制约和权利让渡机制，合理协调多元主体间的利益关系，同时为更有成效地推动水权市场建设、提高水权市场运行有效性创设前提条件，应立足于我国国情条件，着力于从以下四个方面探析推进改革的路径。

1. 划清多元利益主体在水权市场建设中的职责边界

为实现水权市场建设中多元主体的利益共赢，需要明确界定各利益相关者的角色定位，并明晰各自的职责边界。水权交易中涉及的政府部门、水权交易所、交易方等核心利益相关者的职责边界界定如图 2-4 所示。

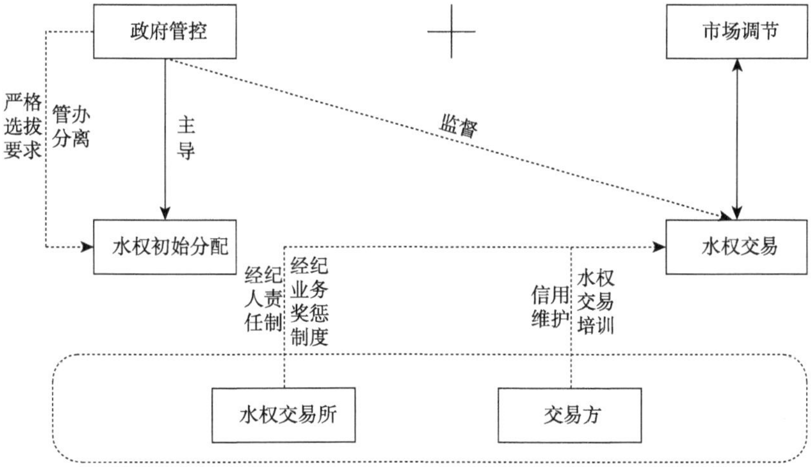

图 2-4 水权市场中多元利益主体的职责边界

首先，明确政府部门作为水权市场建设中管理者和监督者的职责边界。作为水权市场的管理者，政府部门应当始终以建设服务型政府和维护社会公共利益为出发点和落脚点。具体而言，在水权初始分配阶段，中央政府应当积极探索创新水权初始分配决策机制，通过设立不同层次的专门机构来履行对各省（自治区、直辖市）、市、区县用水量的初始分配职能，从而分离地方政府对水权初始分配的决策权、执行权，有效规制地方政府在水权配置和执行中可能产生的不合理行为，更好地发挥政府对水资源初始配置的职能。同时，各级政府也应当规范制定严格的公务人员选拔要求，重点选拔专业技能强、道德素质好、敬业精神佳的人才进入水行政主管部门，有效协调水权交易各参与方的利益诉求与行为选择，实现各利益相关者间的良性互动。政府部门也是水权市场的核心监督者，应当严格遵循管办分离原则划清各级各类政府部门在水权市场监管体系中的职能边界，同时规范权力的正确行使。具体而言，由地方各级水行政主管部门负责实时监测各自辖区内的水权交易数据，并利用行政会议、新闻媒体等多种渠道定期披露水权交易工作进展；由环保部门监控水环境质量，包括流域上下游生态环境监测、污水排放管制等。

其次，明晰水权交易所作为交易信息传递者和交易撮合协调者的职责边界。作为水权市场的信息传递者，水权交易所应当严厉抵制外部因素干扰，坚持以独立的“第三方”角色实时发布真实交易信息。同时水权交易所内部应当建立规范的经纪人责任制，明确水权交易经纪人承担责任的主体地位，从而规避因经纪人在水权交易过程中不尽责服务而导致的交易双方的利益受损。作为水权交易撮合的协调者，水权交易所内部还应当建立严格的经纪人业务奖惩机制，定期从专业能力、履职情况等方面审查经纪人行为，对考核不称职的经纪人予以解聘。

最后，强化用水户或用水组织作为水权市场交易方的主体意识。作为水权交易市场的核心主体，一方面，用水户或用水组织应当从提高自身的信誉出发，培养在水权市场中的信用维护意识。同时通过营造诚信的水权交易生态环境，增强各主体参与水权交易的积极性。另一方面，用水户或用水组织应当主动参与不同层次的水权交易培训活动，熟悉水权交易资质要求、申请材料准备、交易规则及相关政策法规等内容，以更好地维护自身合法权益。同时，用水户或用水组织还可以在地方水权交易听证会上反馈意见和建议，表达其参与水权交易的合理、合法利益诉求。

2. 完善水权市场建设中的制度约束体系

水权交易的利益冲突主要产生于个人理性与集体理性之间的矛盾，为此，水权市场建设中的制度约束体系设计需要从两方面着手：一是通过建立配套的正式制度明确多元利益主体之间的法律关系，尤其要明晰各方的权利和义务，为提高水权市场运行有效性提供保障。二是重视非正式制度的建设。在正式制度的顶层设计下嵌入非正式制度，抑或将各个层级的正式制度有机嵌入水权交易的非正式制度中，实现水权交易正式制度与非正式制度运行的深度融合。同时，积极引导水权市场多元主体基于自我约束和自我提升成为合格的约束者，实现多元主体间的民主协商、良性互动。

1）建立配套的正式制度

第一，加快水权交易立法，完善以法律保障为核心的顶层制度设计。首先，遵循现阶段水权市场建设法制化、精细化理念，制定具有可操作性的水权交易制度。在契合水权交易实践的基础上，修订和完善《水法》，明晰水权的法律属性，规范用水户水资源使用权的确权登记，为用水户的取水提供法律保障。修订和完善水权交易的相关规定。例如，在《水权交易管理暂行办法》中补充结余水权交易的审批和评估流程等相关条例。特别地，在水权市场建设的成熟阶段，可以制定颁布《水权交易法》，为实现水资源的分配由政府管制向市场化配置转变提供法律依据。其次，构建流域水权交易的横向生态补偿机制。具体来说，可通过在地方政府层面制定《水权交易生态补偿意见》《生态补偿条例》等政策，以及在中央政府层面出台《生态补偿法》，最终建立水权交易的横向生态补偿法律制度，使得水权交易反哺生态有明确的法律保障。

第二，具化水权交易的行政法规和配套制度安排。一方面，抓紧开展现行取水许可制度的修订工作。重点在于明确水权交易类型及其权属事项，合理设定不同类型取水权有效期限，尤其需要以“有偿取得，有偿使用”为基本原则来调整取水权的获得方式，最终实现用水户对取水权的有偿获取。另一方面，着力推进水权交易配套制度建设。建立和完善水权初始分配及执行中的民主协商机制、强制性约束机制等，有效控制地方政府组织成本；采取政府补贴方式缓解水权交易中出现的有效需求不足问题，激励更多用水户或用水组织参与水权交易，增强水权交易市场活力；兼顾效率与公平原则制定《水权交易第三方经济补偿办法》等政策。综上，可构建水权市场建设中的正式制度约束体系框架，如图 2-5 所示。

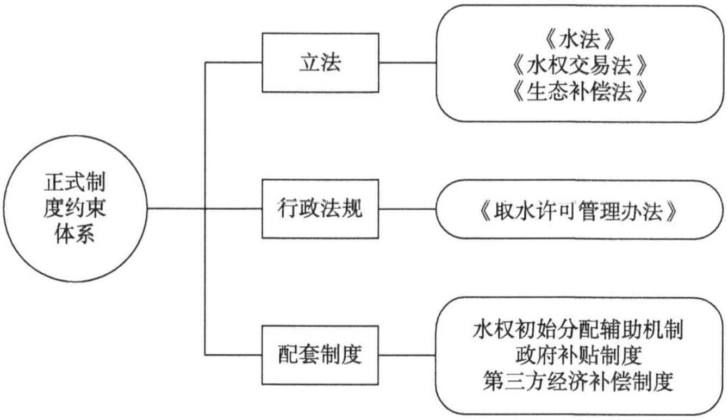

图 2-5　水权市场建设中的正式制度约束体系

2）重视非正式制度的建设

第一，深化水权交易双向制度的融合。政府应当注重将正式制度“因地制宜”“因时制宜”地嵌入非正式制度的文化土壤之中。具体来说，在国家层面水权制度改革的战略性顶层设计下，坚持以保障水权市场建设根本性、全局性、长远性发展的正式制度为导向，规范和引导水权交易的良性发展。同时，注重将“民主协商、公开透明、合作共赢”的基本宗旨贯穿水权交易制度的中层设计和底层设计，在尊重与合理平衡水权市场多元主体利益诉求的基础上，通过多向互动与民主协商做出实现多元主体利益共赢的策略选择。

第二，培育合格的约束者。对此，政府应当秉承激励相容的监管理念，强化政府公务人员、水权交易所、用水户或用水组织的自我约束力，创造良好的水权交易生态环境。例如，针对政府公务人员这一主体，可以不定期组织职业操守和伦理道德教育，提高他们的公共服务意识，强化他们的社会公仆精神，并使之外化为日常行为规范。同时，通过开展水权交易示范推广活动、模范表彰等荣誉性活动，外部刺激并增强政府公务人员的职业道德意识，增加行为人因为违法行为而产生的心理成本。通过以上两方面的努力来提高政府公务人员的自我约束力，督促他们尽职履行社会责任，切实维护社会公众利益。

3. 健全水权市场建设中的监管机制

监管乏力是水权市场化改革过程中多元主体利益冲突产生的一个主要原因。因此，为提高对水权市场监管的有效性，建议建立以政府监管为主，交易机构自律监管和社会公众监管为辅的多元监管体系（图 2-6）。同时，为强化水权市场各利益相关者主动承担社会责任的约束力，还应当注重发挥社会公众的监管作用及监管结果应用，并创新监管绩效奖惩制度。

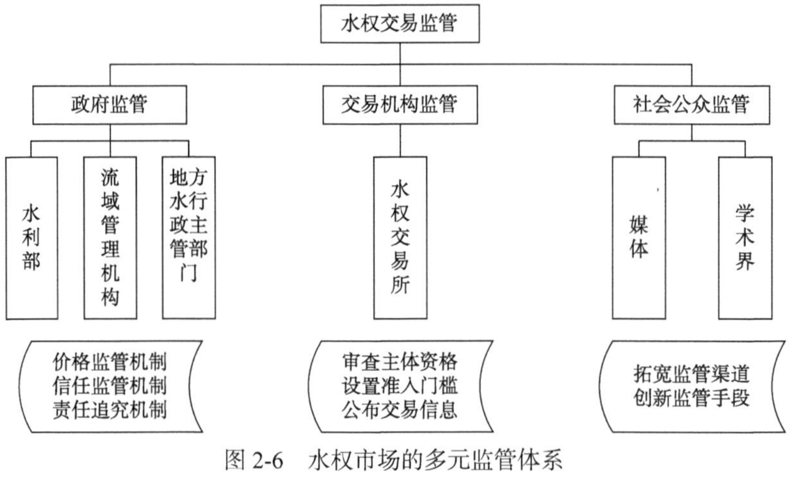

图 2-6　水权市场的多元监管体系

首先，政府部门作为水权交易的监管主体，在监管内容方面，应积极探索健全水权市场价格形成机制和价格调整机制，构建“以市场形成价格为主、政府宏观调控为辅”的水权市场价格监管机制。在监管方式方面，可尝试建设水权交易信用体系、优化水权交易信息系统、探索水权交易在线监管等多种方式。在惩罚机制方面，可试行责任追究机制，根据水权交易特点设定不同的处罚形式，并在《水权交易管理暂行办法》中以条例的形式加以明确。例如，对于水权交易过程中相关部门工作人员的不合理行为，应依法给予相应的处罚。

其次，水权交易所作为实现结余水权流转的交易机构，应确保其在水权市场监管体系中具备充分的自律监管功能，主要表现为对交易主体的资格审查、市场准入门槛的设置，以及对水权交易各环节的严格把控等方面，同时还应当定期公布水权交易情况，主动接受政府部门、新闻媒体和社会舆论的监督。

再次，扩大水权交易监管主体范围，动员新闻媒体、学术机构等社会公众积极参与水权交易的监管活动。畅通水权交易公众监管的多种渠道，如开设网络投诉专栏、公布投诉邮箱或电话等。创新水权交易监管形式，如充分应用物联网、云计算及大数据等新兴技术创立基于互联网的智慧监管平台。由此，形成“政府+交易机构+公众”三管齐下，各部门相互协调、相互制约的监管体系，提高水权交易监管效率，保障多元利益主体的合法权益。

最后，水资源的公共物品属性及水权交易中不可避免的外部性，容易导致潜在的用水效率损失和生态环境的破坏，因此各利益主体在最大化自身经济效益的同时，还应当主动承担社会责任。为此，应注重发挥社会公众对水权交易的监管作用及监管结果应用，肯定被监管者的积极行为有助于形成全国范围内的正向效应，对合法、合规的水权交易行为发挥引导作用，同时有助于强化水权市场各利益相关者主动承担社会责任的约束力。具体来说，依托社会公众监督平台，发挥社会舆论影响作用，激发社会公众评价政府部门与水权交易所履职情况的积极性，通过座谈会、问卷调研等方式掌握社会公众监管成效，并及时予以反馈，增强社会公众对政府部门与水权交易所行为评价的激励作用。此外，创新监管绩效奖惩制度，引导各级政府部门、水权交易所等机构提高对监管工作的重视程度，形成对上述机构监管行为的正向激励。

4. 搭建水权交易“互联网+”信息共享平台

充分发挥现代信息技术的优势，搭建水权交易的信息共享平台，打破交易主体间的信息壁垒，促进水权交易信息的丰富化、透明化，弱化水权交易中由于存在多重委托—代理关系而引发的信息不对称问题。第一，建立完善的信用基础数据库，利用大数据的分析平台，明确各区域用水户或用水组织的需求，引导政府合理配置初始水权。第二，搭建部门间、行业间、区域间的数据交换共享平台，实现不同部门、不同行业、不同地区之间的数据共享、兼容和互通，降低水权交易的信息成本。第三，加强网络平台的技术人才队伍建设，通过定期组织网络信息技术培训，提升信息技术人员的专业技能，确保信息共享平台既具有先进的硬件基础设施，也具有高端的人才基础。第四，加快水权市场各利益相关主体的信用记录建设，实施信用分类监管，建立水权交易的信用“红黑榜”，将水权交易所工作人员、用水户或用水组织的违法违规行为记入诚信档案，对违法、失职、滥用职权的公务人员予以公示，并将相关责任人员纳入黑榜；将遵纪守法、尽职尽责的利益主体纳入红榜，并给予相应的价格优惠和时间优先等奖励，调动更多用水户或用水组织参与水权市场进行公平交易，由此推动水权市场的高效、健康发展。

总体而言，鉴于我国水权市场建设环境和参与主体行为的复杂性，现阶段水权交易试点区域在实际水权交易过程中将不可避免地存在不同程度的利益冲突现象。基于一般水权交易市场所讨论的利益博弈现象及冲突平衡路径，为具化特定区域的利益冲突与矛盾，笔者及团队于 2016 年 7 月前往甘肃省疏勒河流域开展水权市场建设情况专题调研，在深入了解当地水权交易市场建设的基础上，剖析影响该水权市场建设的主要环境条件及具体表现，研析地方政府、水行政主管部门、水资源用户（包括工农业用水部门、农户）等利益相关者在地区水权市场中的地位、作用和行为模式，从而针对该地区水权市场建设和发展提出建议。疏勒河流域水权市场建设中利益相关者的利益冲突与平衡分析详见附录 A。

第3章　水权交易市场效率实验研究的理论分析

水权交易以经济学为重要理论基础，同时也是一个融合公共行政学、法学、社会学、水利学等学科的交叉研究对象。从上述不同学科角度，现有研究较多地关注了水资源产权界定在水权市场运行中的重要作用、交易成本对水权市场运行的约束作用，以及外部性问题及其对水权交易带来的困难；部分文献讨论了制度安排、技术条件、经济环境、水文化价值观等因素对水权市场发展的影响。从前提条件来看，已达成共识的是开展水权交易首先需要明确水权、有效降低交易成本，同时还要有一定的交易制度安排和技术条件，并考虑不同地区和流域的水资源特征、社会经济文化等条件。由此，本章结合水权的特殊性及我国特殊国情，选取不同交易制度、交易成本、市场势力和跨期存储水权四方面因素对水权市场运行效率的影响机理进行理论分析，并在此基础上提出相应的研究假设。

3.1　交易制度对水权市场效率的作用机制

任何市场交易都以特定的交易制度为前提，否则市场活动在缺乏交易规则的指引下难以有序进行。1962年，国外学者Smith发表研究论文《竞争性市场行为的实验研究》，这标志着实验经济学的正式诞生。在该文中Smith指出，基于完全竞争的实验市场，即使只有少数知晓其自身保留成本或价格的实验参与者，市场交易的结果也会动态地向瓦尔拉斯均衡趋近，这有别于瓦尔拉斯所要求的条件，并且这一过程与所采用的市场交易制度有关。随后，Smith（1981）、Plott（1982），以及Davis和Holt（1993）等采用实验经济学研究方法，将交易制度因素视为重要变量，考察其对市场绩效的影响。他们研究指出，交易制度是影响市场运行有效性的核心因素，毋庸置疑，这是对基于传统产业组织理论的 SCP（structure-conduct-performance，结构—行为—绩效）分析范式的一个重要修正。

3.1.1 文献回顾

实验经济学领域的研究者尤为关注交易制度因素对市场运行的作用。Smith（1981）认为，双向拍卖制度有助于解决垄断竞争市场效率低下的问题，且可以视为一种非常重要的手段。Cason（1993）研究得出 FPA（first price auction，第一价格拍卖）是一类带有歧视性价格（discriminative price）的拍卖的结论。Franciosi 等（1993）针对收入中性拍卖市场与非正式市场两者之间的交互作用进行了实验研究。在他们设计的实验中，每一轮拍卖都分别在两个市场中进行。实验被试首先进行一个双边拍卖，实验结束后要上缴所持有的一小部分排污权，并投入一个收入中性拍卖。这一拍卖是一个封标拍卖（sealed-bid auction）。基于实验结果，他们发现在双边拍卖与收入中性拍卖之间存在着价格偏差，且实验被试难以利用滞留来提高市场运行效率。他们认为这样的拍卖机制会使得卖方忽略排污控制成本，以较低价格出价来拍卖排污权，且随着买方数量的增多，卖方降价的幅度会越来越大。最终，这种价格信号的偏差将会导致市场效率的降低。Ledyard 和 Szakaly-Moore（1994）在实验研究中设计了两种虚拟市场，即竞争市场和垄断市场。实验结果显示无论是在哪种市场形态之下，双边拍卖的效果均优于收入中性拍卖。在收入中性市场中，市场势力的引入并没有显著降低市场效率，但双边拍卖市场中市场势力却在较大程度上导致了市场效率的下降。同时，在竞争市场中，交易价格会逐渐调整到竞争均衡水平，但这一过程在收入中性拍卖市场中表现出趋缓的特征。Hizen 和 Sajio（2001）在对温室气体排污权交易的实验研究中比较了双边交易和双向拍卖两种交易制度的效率高低，发现两种交易制度的效率都很高，且双向拍卖能够产生基本趋向竞争的价格。

现有研究对于交易制度影响市场运行绩效的观点已达成共识，然而在水权市场效果的相关研究中，对于交易制度的设计与选择问题却几乎被忽视，已有研究较多关注引入水权市场后，市场交易效率或交易者收益的变化。自从 Vaux 和 Howitt（1984）最早建立非线性模型对美国加利福尼亚州农业水权向城市和工业水权转让带来的经济效益进行实证分析，国外通过建立水权市场提高水资源使用效率在 20 世纪 80 年代已得到广泛讨论和证实。进入 20 世纪 90 年代以后，众多学者开展了对美国、澳大利亚等不同国家水权市场效率的研究。Marino 和 Kemper（1999）采用实证分析方法考察了美国、西班牙和巴西的水权市场运行效果，并将其与各个国家的管理体制相联系，发现水权市场的发展确实有利于提高水资源利用效率，但制度安排是否充分、合理是水权市场改革能否实现对水资源高效使用的关键因素之一。Luo 等（2003）认为水权交易系统的复杂性和不确定性可能会带来管理不善和市场效率低下等问题。基于此他提出了一种不确定性水资源管理的非精确两阶段随机非线性规划模型，该模型被应用于一个农业系统水资源管理的案例研究中，所获得的模拟解决方案表明，在水资源管理上没有比水权交易更有效率的方法。Burke（2003）提出了一个新的水权交易系统对澳大利亚灌溉用水进行管理和分配，在该系统中用水户能够与交易经纪人明确交易规则，并通过电子转账的形式完成水权分配和转让。Hung 等（2014）在研究下游至上游水权转移的过程中发现了回流问题对水权交易的影响，并基于此设计了新的地方水权交易制度，将其成功应用到我国台湾浊水溪流域的案例中。

近年来，国内学者也陆续展开交易制度与我国水权市场运行效果的研究。张耀辉等（2005）提出了市场交易制度影响市场绩效假说，即市场绩效由市场结构和市场交易制度共同决定。根据该假说，假如市场结构被确定，此时市场绩效依然不能确定，因为它还受到市场交易制度的影响；假如市场交易制度被确定，不同的市场结构是引起市场绩效差异的原因。由此，在市场结构不改变的情况下，可以通过改变交易制度来提高市场绩效。李长杰等（2006）针对水权市场最常见的双边交易，通过建立不完全信息博弈模型来模拟水权市场买卖双方的交易过程，为水权市场交易机制设计打开了新的思路。陈文艳和曹升乐（2010）分析了水权市场的结构与运行机制，以降低水权交易成本、提升水权交易量为目标对双边叫价拍卖模型进行改进，一定程度上创新了水权市场交易规则。陆文聪和覃琼霞（2012）主要考察了三种机制下的水权市场效率，分别包括自由议价机制、市场交易机制和政府主导机制三种类型，并对其节水效果和水资源利用效率进行两两比较。最终发现，在参与人目标收益最大化约束前提下，市场交易机制有助于实现水资源的优化配置但节水效果欠佳；而政府主导的交易机制在优化配置水资源方面更有效率，而且在一定条件下可以促进节水。

3.1.2　理论分析

市场交易制度是市场运行的基础，也是交易双方的组织机制，交易制度的核心是价格形成机制。从交易角度而言，市场运行效率主要涵盖资源配置效率和生产效率，同时实现的交易数量、交易价格，以及交易双方之间的收益分配也是分析交易活动所产生的市场运行效率的重要方面。一些实验经济学文献表明，价格形成模式由两方面构成，首先是价格形成程序。价格形成程序影响着价格决定效率，即会对交易费用产生影响。如果允许交易双方可以无休止地出价，则价格不能得到有效收敛且难以做出最后决定，无疑，这样的市场是无效率的。其次是价格决定权。给定价格决定权有可能带来权力分配偏差，然而它可以迅速收敛价格；同时，实现的交易数量直接影响着实际的社会财富量，收益分配则体现了市场买卖公平的程度。需要注意的是，公平因素是决定交易双方参与市场交易动力的重要变量之一，换言之，交易是否公平所带来的市场绩效存在较大差异。基于此，本书在梳理现有文献的基础上为水权市场设计了三种交易制度，分别为分散交易、双向拍卖和明码标价交易制度。关于这三种交易制度应用于水权交易市场方面的研究还比较少，有关交易制度对水权市场效率的作用机制更是寥寥无几。根据对水权交易市场发展实际情况的判断，并借鉴双向拍卖及明码标价制度在排污权、碳排放权及电子商务方面的研究，本书认为不同交易制度的选择会对水权交易市场运行效率产生影响。

除了交易制度外，信息不对称同样是导致水权交易市场运行效率低下的另一基本原因。在交易过程中，基于市场参与者的个体背景差异及其进入市场的时间先后，不同参与者所获取的信息数量存在较明显的差异，信息获取充分的部分参与者往往能对市场做出相对客观、准确的预判，而信息获取不足的参与者则需要付出额外的信息搜寻成本，否则可能带来决策的失误或个人利益受损。Savenije（2002）认为市场中具有信息优势的行为人往往能获取更高的收益，而与之相反，处于信息劣势的行为人需要付出额外的交易成本以避免因信息不足导致的个人利益受损。一个较好的平衡信息差异的方法是在市场中设立有效的信息反馈渠道，通过这一方法处于信息劣势的参与者也能进行高效决策。基于上述分析，水权市场交易机制设计过程中可通过尽量降低参与者间的信息差异来实现市场效率的提升。

在不同交易制度下的水权市场，买卖双方之间信息不对称程度存在差异，其中明码标价制度下交易双方信息不对称现象最为严重，其次是分散交易，而双向拍卖制度下的水权交易市场有利于减轻交易双方之间的信息不对称程度。严格来讲，分散交易制度下的水权市场买卖双方的私人信息是不公开的，但是分散交易制度允许市场参与者在任何一个双方可接受的价格上自主协商配对，因此在市场参与者寻求交易对象的过程中会对市场上的交易信息有一定的了解。而在明码标价制度下，市场中的买方可以较充分地了解卖方的交易信息，但卖方对买方进行交易的可接受价格信息却难以知晓。在双向拍卖制度下，买卖双方可以充分地讨价还价，因此在一定程度上克服了信息不对称的现象。综上，从信息不对称视角来看，双向拍卖制度下的水权市场效率会更高。国外学者所进行的实验研究也在一定程度上佐证了这一结论。多数实验研究结果表明，大量交易者与完全信息并非实现市场供求均衡状态的充分条件，同时也不是必要条件，只要实验中设置双向拍卖交易制度，通常可达到最高的市场效率。Smith（1962）所进行的一系列实验研究指出，较之其他类型的交易制度，双向拍卖制度下市场运行效率的表现最佳，且即使在改变供求曲线形状的情况下这一结论依旧成立。Wurbs（2005）在其实验研究中设计了分别有两个买方、两个卖方的双向拍卖市场，且每位买方、卖方均可购买或者出售一个以上单位的商品，实验得到的结论类似于 Smith（1962）。该结论也被 Narayanan（1987）、Takayama 和 Judge（1971）的实验所证实，根据他们所得的实验结果，双向拍卖制度下的市场能实现完全竞争均衡的高效率，即使是在"零智商"（zero intelligence）的被试参与实验的情况下。

水权市场运行中不可避免地产生交易成本，而交易成本是买卖双方之间为达成双方均可接受的契约所产生的约束成本，包括时间成本、机会成本和寻求成本等。同时，因寻求匹配的交易对象所产生的寻求成本与信息不对称问题高度相关，故寻求成本的增加会进一步影响水权市场交易价格。在明码标价的交易制度下，一方面卖方报价的标签价格通常会高于双向拍卖市场下的价格，且收敛于理论均衡值的速度较慢或者根本不收敛；另一方面，市场效率也低于双向拍卖制度，即随着交易价格的提高，交易数量随之减少，总福利也会呈现下降趋势，卖方在交易中将占据主导地位并获得更大份额的市场剩余。基于此，笔者认为明码标价制度下交易对象的寻求成本最高，双向拍卖制度下更有利于水权市场上买卖双方的快速匹配。

在成熟的水权交易市场中，双方讨价还价的能力直接关系到交易的最终成交价格，进而对生产者剩余及消费者剩余产生影响，而社会总剩余等于生产者剩余加上消费者剩余。交易效率可以用社会总剩余来衡量。根据 Smith（1981）的研究，在垄断市场实验中，双向拍卖能够产生有效的市场竞争结果，而明码标价实验常常把价格设置在竞争价格之上。因此，当水权市场中存在可以通过提升交易价格而获取超额利润的市场势力时，双向拍卖交易制度将会是更优的选择。

在此，我们引入一个简化的经济学实验来解释交易制度作用于水权市场效率的机理。假设市场上有 4 个单位产品，其边际成本分别是 2、4、6、7，当产品需求方的意愿价格分别是 9、7、5、3 时，双向拍卖制度下的市场均衡价格介于 5～6，成交量为 2；如果在分散交易中有意识地撮合，由于需求者的意愿价格普遍高于厂商的边际成本水平，最终市场上所有供求都能达到匹配，市场能够成交的数量为 4。有更多的成交量似乎是有利的，但事实上也可能出现过度成交的情况，这将造成对市场效率的负向影响。在双向拍卖制度下，市场总剩余为（9－2）+（7−4）=10，而分散交易的总剩余为（9−7）+（7−6）+（5−4）+（3−2）=5，可见交易数量与市场效率并非正向相关，高成交量伴随的可能是低市场效率。由于本实验中双向拍卖制度下的均衡交易量是 2，只要成交价格落于 5～6，计算所得市场剩余均为 10，用实际市场剩余除以最大可能剩余所得到的市场效率数值同样不变，从数值上看似乎并未带来效率的增进或者损失。然而，市场交易价格的微小变动却导致了交易的不公平问题。假如以均衡价格 5 成交，则消费者剩余为（9−5）+（7−5）=6，厂商剩余为（5−2）+（5−4）=4；而如果以均衡价格 6 成交，则消费者剩余为（9−6）+（7−6）=4，厂商剩余为（6−2）+（6−4）=6，即成交数量相同的情况下，价格变动可能带来收益分布的变动。若厂商十分明确知道这一利益差别，他会采取措施争取定价权以实现个体利益最大化。

结合前文分析，本书将市场交易制度，即竞价机制因素纳入水权市场效率研究框架之中，详细框架如图 3-1 所示。

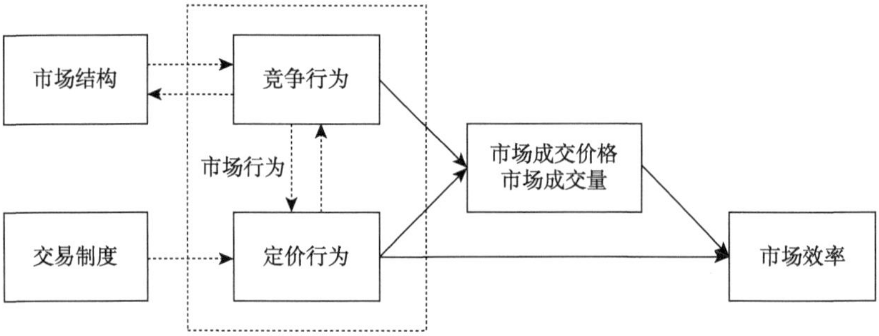

图 3-1　交易制度影响水权市场效率的理论框架

3.2　交易成本对水权市场效率的作用机制

从理论角度而言，开展水权交易，运用市场机制有助于实现水资源优化配置，并可以节约大量成本。然而，现实中的水权市场存在着高额交易成本，这将影响市场运行的效果。

3.2.1　文献回顾

交易成本又称为交易费用，是新制度经济学的最基本概念。Coase（1937）在《企业的性质》一文中最早提出了“交易费用”这一概念，他认为交易费用包括：度量、界定和保障产权的费用；发现交易对象和交易价格的费用；讨价还价、订立合约的费用；督促契约条款严格履行的费用。自 Coase 提出交易费用以来，众多经济学家对交易费用及其本质形成了各自的理解。例如，Arrow（1969）指出，经济制度运行的费用即为交易成本，因此交易成本在一定程度上不利于市场的形成。Williamson（1975）认为，源于人的本性与交易环境因素交互作用所产生的市场失灵使得交易变得困难，同时指出交易成本有七项来源：资产专用性、不确定性与复杂性、交易频率、有限理性、机会主义、信息不对称及气氛，其中前三项来源是决定交易费用最为关键的因素。理论界按交易顺序划分了交易成本的构成，包括发现交易对象和交易价格、讨价还价、订立交易合约、执行交易、监督违约及制裁和维护交易秩序等六项过程性的交易费用。

学术界一般认为交易费用可以分为广义和狭义两种。广义角度而言，交易费用包括所有非鲁滨逊经济中产生的费用，即为了达成交易而需要承担的一切有形和无形成本。狭义交易费用指的是市场交易费用，也可以称为外生交易费用，主要包括搜寻费用、谈判费用和履约费用等。例如，对于一笔市场交易，其所包含的交易费用（成本）可能包括搜寻成本、协议成本、谈判成本、签约成本、违约成本、监督成本等。理论研究表明，交易费用高低直接影响着市场交易活动的活跃度和市场绩效的优劣。

在交易费用理论的基础上，一些国外学者通过建立多种水权市场模型研究了交易成本对水权市场运行的约束作用。Lund（1993）在进行水权市场模型分析时提出了“状态依存的交易成本”概念，并考虑了不确定性交易成本因素。Hearne 和 Easter（1995）研究认为，由于水权市场中普遍存在的交易成本和负外部性两大问题，实践中水权交易制度的推行存在较大困难。Easter 等（1998）研究发现，水权市场中存在的制度建设成本，包括确权登记、水量传输及存储设备的建设、监管机构的建立等方面的费用越高，越不可能产生正式的水权市场。Crase 等（2002）通过研究发现，水权市场中交易成本的客观存在使得水权分配的重要性显得更为突出。Carey 等（2002）建立了交易成本对交易模式影响的理论模型，结合美国加利福尼亚州一个非正式水市场的数据，发现降低交易成本可以提高市场参与率。Erfani 等（2014）提出一个包含交易成本和交易行为的广义优化水市场模型，然后将其应用到英格兰东部大乌斯河流域中，发现交易成本存在时，买家倾向于那些可以提供大量商品的卖家以减少交易次数。

另有较多国外文献围绕交易成本与水权市场运行有效性之间的关系进行了分析。Takayama 和 Judge（1971）通过建立空间均衡模型并比较实证结果与最优值之间的差异对交易费用对水权市场运行效果的影响进行了研究。Nickum 和 Easter（1991）基于确定性交易成本探讨了水权市场制度的组织和运作，指出交易成本降低了水权市场规模和水权交易的可能性，且增加了水权交易价格的离散性。进一步地，他们认为由于交易成本的存在，水权许可证的初始分配和市场结构选择的差异将对水权市场效率产生影响。Montero（1998）研究证实，在交易成本约束之下，水权市场绩效和水权交易价格对水权许可证初始分配较为敏感，即使是在交易成本不变的情况下也是如此。Cason 和 Gangadharan（2003）重点研究了可变交易成本，试图探索其对交易均衡的影响，研究发现，如果初始许可证初始分配的“错误分配”程度较大，交易成本的下降能够促进市场产生更为有效的交易价格；而固定的交易成本有助于将市场价格控制在有效水平而不随初始分配情况发生变化。Fang 等（2005）指出交易成本的存在会使得水权市场运行的制度成本提高 35%以上。Carlsson 和 Berkes（2005）则认为对公共资源的统一管理会增加制度成本。Wang（2012）提出一个包含交易成本的水权交易模型，并利用黄河流域数据进行仿真，发现交易成本对水市场有效性有显著影响，在不存在交易成本的情况下，跨地区水权交易能带来相当可观的潜在收益，随着交易成本的增加，潜在的水权交易收益呈现快速降低的特征，且农业部门对交易成本的敏感性高于工业部门。另有学者通过对流域水权市场的考察，探讨交易成本对水权市场有效性的影响，所得结论基本一致，认为交易成本会降低水权市场有效性。

与此同时，也有较多国内文献对水权市场中的交易成本问题进行了分析。王亚华（2006）指出，要充分理解水权市场则必须关注交易成本问题，且水权市场中的制度设计能否使得交易成本有效降低，是水权市场能否有效运行的关键。沈满洪（2004）经过对黑河流域水权制度改革的分析，发现创新水权配置制度的重点在于降低水权市场中的交易成本，且制度的创新有利于促进交易双方取得双赢的效果。尹云松等（2004）分析了交易成本对水权交易市场的作用表现，发现交易成本会使得水权交易价格提升，双方收益及社会总福利减少，进而对交易主体的交易意愿及水权市场成交量产生负面影响。沈满洪（2005）将水权交易市场分为初始分配、区域间交易、用水户之间的交易三个等级的市场，交易成本包含政府管理成本和市场交易成本。蒲志仲（2008）认为交易成本决定着水权市场发育和扩展的可能性，水权市场交易成本主要产生于信息搜寻、谈判签约、监督执行和水输送设施。综合来看，国内学者对交易成本与水权市场运行效率关系的研究主要侧重于理论分析，甚少涉及理论模型的构建及基于交易数据的检验。

3.2.2　理论分析

图 3-2 说明的是交易成本对水权市场运行的影响。其中，S、D 分别为水权市场的供给和需求曲线，均衡交易量为 Q_1，市场剩余为阴影部分三角形 ABC 的面积 S_{ABC}；水权市场中高额的交易成本使得供求曲线上移，且供求双方基于各自的身份属性在追求利益最大化的目标下，供给曲线上移的幅度较需求曲线大，移动后的供求曲线 S'、D' 相交于 E 点，此时市场均衡成交量为 Q_2，理论社会总收益为阴影部分三角形 DEF 的面积 S_{DEF}。由图 3-2 中可看出，交易成本使得水权市场成交量明

显下降（$Q_2<Q_1$），进而引致社会剩余的减少（$S_{DEF}<S_{ABC}$），即社会福利损失。

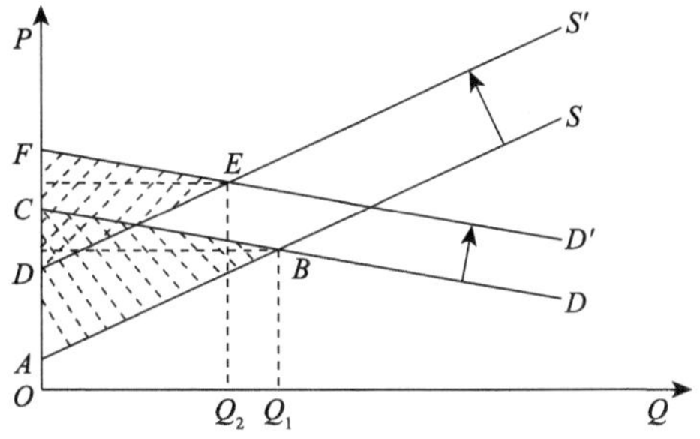

图 3-2　交易成本对水权市场效率的影响

根据科斯第一定理，由于交易成本的存在，交易主体的边际成本与水权市场价格不会直接等同，并将形成一个新的成本效率均衡点。此时，水权许可证初始分配是影响市场运行效率的重要因素。假设边际交易成本不变，则类似于交易成本为零时的情况，水权初始分配不会影响每位交易主体的总交易费用。此时，无论初始产权如何安排，市场机制会自动实现帕累托最优；但如果存在交易成本，即使产权明确，市场交易也不能实现资源的最优配置。具体而言，当边际交易成本增加时，水权的初始分配影响交易主体总交易成本：某个交易主体的水权初始分配量增加，将导致总交易成本偏离有效均衡时的成本，且社会福利趋于减少；反之，当边际交易成本减少时，水权初始分配的偏离将导致市场交易结果更接近于有效均衡时的理想结果。交易成本的存在使得交易主体的边际成本与水权的市场价格不相等，影响了水权交易的效率，导致实际发生的水权交易数量大大低于理论值。通常，交易成本过高主要是由水权市场信息不对称及水权交易市场的制度不合理两大因素导致。在水权交易市场中，交易成本主要通过产量效应影响市场效率。具体而言，交易成本会增加交易主体的总成本，从而降低水权交易的可能性，即水权交易成本的大小会对用水户的交易意愿及水权市场的活跃程度产生直接影响。

3.3　市场势力对水权市场效率的作用机制

关于市场势力的相关研究起源于产业组织理论。20 世纪 30 年代，哈佛大学教授 Chamberlin（1933）、剑桥大学教授 Robinson（1933）分别出版了著作《垄断竞争理论》《不完全竞争经济学》，由此奠定了产业组织理论的发展基础，同时也给相关学者对市场势力的研究提供了理论支撑。

3.3.1 文献回顾

国内外学术界在市场势力的定义和本质等方面做了大量探讨，已经取得了较为丰富的研究成果。Lerner（1934）最早给出市场势力的定义，他认为厂商将价格控制在边际成本之上的能力即为市场势力，并提出以勒纳指数作为衡量指标。Brandow（1969）将市场势力定义为企业在市场中能够对其他竞争主体、市场价格及市场行为产生直接影响的能力。在市场势力的作用下，市场中其他主体会面临更高的生产成本，这会降低企业创新效率，进而导致市场高价及社会福利的损失，因此，产业经济学家因此一直对市场势力保持高度的关注。Bannock 等（1982）认为市场势力是一个企业能够控制价格的程度。Landes 和 Posner（1981）研究发现市场中的单个企业或企业联合可能存在这样一种能力：将产品价格控制在竞争均衡水平之上而销量却不会轻易受到影响，这种能力便是市场势力。Utton（1995）对市场势力概念的理解与此基本一致。Bresnahan（1989）给出了市场势力的定义，即在非完全竞争市场中，企业提高商品价格超过边际成本的比率。Godby（1999）指出存在两种类型的市场势力，即简单型和排他型。池伟松等（2002）、牟春艳（2004）认为市场势力是一种使产品价格高于竞争水平的能力。刘志彪等（2003）认为市场势力的本质体现在对资源配置的扭曲。

自从 Harberger（1954）率先提出市场势力的存在将导致资源错误分配、社会福利损失和收入转移分配的观点，学术界对市场势力与市场运行有效性之间关系已有较多研究。一些学者对市场势力影响市场运行有效性的机制做了深入探讨。Kamerschen（1966）认为经济活动中的市场势力会导致社会总福利减少，且该损失高达 GDP（gross domestic product，国内生产总值）的 8%以上。Liebeler（1977）提出市场势力能够将市场价格控制在长期平均成本之上，进而导致资源的低效配置。Landes 和 Posner（1981）研究发现在市场势力使得市场价格大幅提高后，市场需求主体逐渐流失，市场运行的有效性受到很大的影响。Brown-Kruse 等（1995）的实验研究中市场上有一个企业具有市场势力，他们发现在非对称情况下市场势力很容易发生作用。

另有较多学者对排污权市场、电力市场中的市场势力与市场有效性之间的关系进行了研究。Godby（1999）运用双向拍卖交易方式，在实验室中研究了一个由单个企业主导的市场，发现双向拍卖并不能像之前的一些研究结果（如 1981 年 Smith 所进行的研究）所显示的那样很好地消除市场势力导致的价格结果。尽管如此，他仍然认为即使是存在如此强大的市场势力的影响，该市场的收益还是相当可观的。他的这些发现表明即使是在单一企业垄断市场并且这种市场势力所导致的定价结果并没有被双向拍卖所消除的情况下，排污权交易市场仍旧能够节约大量成本。Cason（1993）以某个海湾的具体排放参数，实验了不完全竞争的排污权交易市场，发现市场效率有降低。Asgari 和 Monsef（2010）指出市场势力是一种带有歧视性、不公平的竞争形态，它将有损电力市场的经济福利。基于实验研究，他们进一步指出电力市场效率受到许可证初始分配的影响，同时与市场竞争情况有关联。曾次玲和张步涵（2002）在对电力行业中市场势力的研究中指出，正是电力的稀缺性才导致了电力市场中的市场势力。乔志林（2014）认为市场机制是解决诸如污染等外部效应问题的有效方法，并用实验室双向拍卖机制建立了具有外部效应的产品市场，测试了排污权交易理论应用的边界条件，结果发现市场势力会降低市场机制矫正外部性的效率。李昂和高瑞泽（2014）指出目前我国推行的直购电政策能在一定程度上抑制电力市场中的市场势力。综上，多数研究表明，市场势力不利于竞争均衡结果的产生，会导致社会福利的损失。

目前，在水权市场有效性研究中，涉及市场势力的研究极少，其中最具代表性的是 Bruno 和 Sexton（2017）所做的研究，他们通过对加利福尼亚州科切拉谷地农业地下水市场的调查发现，市场势力的存在导致了低效率，使得交易量低于完全竞争条件下的交易量。国内对市场势力的研究开展得较晚，对水权交易市场中的市场势力及其对市场运行效果的作用研究更是缺失。水权市场交易中涉及的各类属性的相关者各有诉求，水资源的特殊性决定了相关者之间必定存在利益博弈。岳意定和徐向阳（2008）从博弈论的角度分析灌区不同区域、供水单位和农户用水行为，认为在适当的时候可以采用适当的水权制度安排或者通过水权市场来实现水资源的合理配置，进而提高水资源的利用效率。

3.3.2　理论分析

市场势力是影响水权市场效率的重要因素之一。从我国水权市场架构来看，一级水权初始分配市场是二级水权交易市场的前提，而初始分配的不公平可能导致市场势力的产生。水权市场势力产生的原因主要有：一是我国水权初始分配存在时间优先、地域优先等多种优先模式，先引水的地区或组织及水源地和上游地区优先拥有水资源使用权，容易在水权交易市场形成垄断地位；二是一些地方政府或组织与水资源流域管理机构存在紧密联系，而我国水权初始分配以行政控制为主，且初始分配执行中强制性约束监管不到位，使部分地区或团体可能通过向上级政府或有关部门申请应急调水甚至其他途径来获取更多的初始许可证，这使得它们在水权市场中具有一定的影响力。

市场势力对水权市场效率的影响通过价格机制来实现。在水权交易市场中，若某个交易主体在水权初始分配环节获得了超过其本身需求的绝大多数水权许可证，而市场中的其他主体对许可证均有一定的需求，此时，该交易主体在水权交易市场获得了垄断地位，因而产生市场势力。如果市场中存在唯一垄断的水权供给方，与完全竞争市场相比或者在同等价格水平之下的市场中水权供给量会减少，或者垄断方为获取垄断收益，会借助垄断地位提升水权交易价格。实践中，后者更为常见。根据市场势力理论，一旦市场中相关主体拥有市场势力，即意味着其有能力将价格提到成本之上，从而使得市场脱离竞争均衡状态，此时市场失灵，社会总剩余减少，资源配置达不到帕累托最优，呈现低效率状态。同时，垄断方设定的水权垄断价格和市场效率的损失大小与水权初始分配的不均衡程度有关，即市场势力、水权初始分配质量、市场效率三者密切相关，水权初始分配质量高低直接影响着市场效率。在水权初始分配与市场效率最优条件下的水权分配相一致的特殊情形之下，市场上不存在市场势力问题，厂商间也不发生交易，此时水权市场效率达到最优。而在完全竞争市场情形下，当不存在交易成本时，理论上水权交易市场总能达到效率最优。在垄断水权市场中，市场势力对水权市场效率的影响可通过图 3-3 来表示。

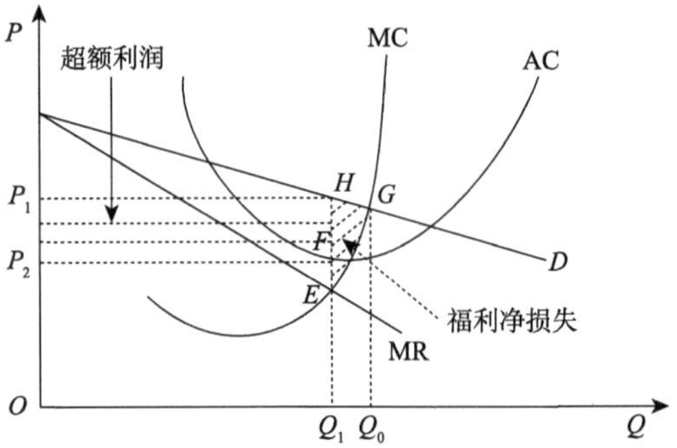

图 3-3　垄断市场下的市场势力对水权市场效率的影响

在垄断市场中，水权的需求曲线 D 向右下倾斜。垄断主体追求利润最大化，选择在 E 点处边际成本等于边际收益的产量 Q_1（垄断产量），显然 $Q_1<Q_0$，垄断产量明显低于社会最优水平。产量 Q_1 决定了价格 P_1（垄断价格），而价格 P_1 高出边际成本的部分（EH）即代表了垄断者所拥有的市场势力的大小，垄断价格减去平均成本的部分（FH）即为垄断主体正常销售一单位产品的利润，长此以往，垄断主体获得超额利润（矩形 P_1P_2FH 的面积），而社会福利产生很大损失（EGH 的面积）。垄断主体的市场势力破坏了竞争均衡，导致资源配置的扭曲，水权交易市场效率受到负面影响，水资源配置效率低下。当然，利用市场势力虽然能产生巨大的额外利润却也不是无限的，因为市场需求曲线向右下方倾斜，边际收益不可

能超过价格，价格效应大于产量效应。因此，水权交易市场中的市场势力通过价格机制影响水资源的配置效率。

3.4　跨期存储对水权市场效率的作用机制

“跨期存储”的概念最早来源于碳排放市场的配额存储与借贷机制。在政府所允许的配额碳排放量之外，有些企业可能会出现生产性结余的情况。对于结余下来的这部分碳排放权，企业可以将之放入政府许可的“碳银行”进行存储，留备以后的生产中使用，或者将结余下来的碳排放权在市场上进行出售。企业也可以进行碳排放期权交易，即在预估未来碳排放权价格走势的基础上，通过出售或者购买自己及其他企业存储的碳排放权来实现套利。目前碳排放权市场建设已初具成效，鉴于此，有学者提出在水权交易市场运行中同样应考虑水权配额是否可存储的问题。但到目前为止，还没有相关文献系统地讨论水权交易中是否可引入跨期存储机制这一问题，以及跨期存储对水权市场运行效果的影响。事实上，国内外学者更多研究的是与之相近的一个概念——水银行，并初步形成水权存储和借贷的一套体系。从两者关系来看，水权跨期存储强调的是水银行体系中的水权“存储”功能。

3.4.1　文献回顾

在水银行内涵的界定上，Macdonnell（1997）认为，水银行是一个中介机构，是一种制度化的过程。翟银燕和孙卫（2002）认为水银行就是政府主导建立的，用于统一的水权交易的企业化运作机构，在作用上类似于银行的性质。王克强等（2006）认为水银行的内涵表现为两个层次，水银行首先是一种储水场所，如地下的蓄水池或地上的水库；水银行也可以被视为一种交易机制，基于水银行可以进行水资源的转让和分配。文怀东（2010）指出，水银行是水资源交易市场的组织形式之一。曾玉珊和陆素良（2015）认为水银行是国外一些发达国家进行水权交易的模式之一。

在水银行的类型或表现形式上，Zhang（2006）依据水银行承揽的业务，将水银行进一步划分为存储水银行、信托水银行、地表水水银行、地下水水银行四种类型。Jaeger（2004）将水银行界定为类似于商业银行或者信用合作社的中介机构。

Laylin 和 LeMarquand（1978）在其研究中指出交易所结构、固定价格结构、供水期权结构和拍卖结构是水银行最常见的四种组织结构。Sterle 和 Singletary（2017）认为水银行的形式既可以是常见的对公实体，也可以是具有较高私密性的私人服务。实践中，可根据不同标准对水银行进行分类，例如，根据组织性质，可分为公共水银行、私人水银行；根据交易的水权类型，可分为临时性水银行、永久性水银行及期权合约水银行；根据设立目的，可分为生产投入再分配型水银行、环境保护型水银行，以及风险管理型水银行；根据管理方式，可分为主动式水银行、被动式水银行。在国外，水银行多为上述多种模式的组合，如美国加利福尼亚州水银行既可以根据市场需求进行交易，也可以出于保护环境或者再分配的目的而进行水资源交易。国内研究方面，通过对中外水银行模式的比较分析，张郁和吕东辉（2007a）认为地下水银行和地表水银行在本质上是相似的，均是水权交易的平台，且参照了银行业的运行机制。通过水银行这样一个平台，需水方可以购买水权，满足其用水需求；而水权节余者通过存储多余的水权，可以获取一定的收益或者补偿。潘闻闻（2011）指出水银行主要有四种表现形式，分别为地下水银行、地表水银行、机制水银行，以及储备修复水银行。

在水银行的作用及其必要性的研究上，Vaux 和 Howitt（1984）以美国南加利福尼亚州因皮里尔灌区为例，分析了农业水权向大都市转让的效率。他们指出水银行使得用水效率较低的水权人因考虑到用水的机会成本而选择节约用水，并将结余水权转让给用水边际效益较大的用水人，这使得新增或者潜在用水人有机会获得所需要的水资源，进而达到社会用水总效率的提高。Booker 和 Young（1994）通过模拟分析南加利福尼亚州科罗拉多河的水权转让，发现水银行可以推动水资源从低效率领域向高效率领域转移，从低价值领域向高价值领域转移，由此提高了水资源的利用效率、配置效率，最终实现了收益的增加。Hearne 和 Easter（1995）对智利四个流域水权转让效率进行了定量研究，指出无论是部门内部还是跨部门的水权转让，均会提升交易双方的水资源利用效率，并给他们带来可观的收益。Arriaza 等（2002）通过对西班牙南部水权转让的研究，指出水权转让的作用体现在降低农户风险方面，如减少因供水不确定性而导致的收益损失。他们认为，可通过积极解决水权交易过程中可能存在的一些障碍，鼓励区域内的灌溉用水户参与水权交易，以减轻干旱等自然灾害造成的短期影响。水银行模式通过市场力量来实现对水资源的存储和分配，在该模式下交易双方自愿参与市场交易，对彼此来说都能够获得一定的收益，并带来整个社会福利水平的提高。王佳和罗剑朝（2006）归纳了水银行的功能，包括基础定价、日常运作、水权核查、交易审批、交易监管及纠纷解决等。国内研究方面，段治平（2003）对美国水价管理体制、水价制度、定价原则、水价计算方法、水银行运作机制等方面做出了详细阐述，并结合我国水资源管理的客观国情，对我国水价改革提出若干政策建议。谢新民等（2005）着重分析了松花江、辽河流域现行的初始水权分配方案，提出设立水银行并对交易水权进行分类的新工作思路。王佳和罗剑朝（2006）在对美国加利福尼亚州水银行运作机制详尽阐述的基础上，指出当下我国水权市场建设可参考设立由政府主导的股份制区域性水银行。王克强等（2006）指出，当前我国水权市场建设面临的两大问题主要是水资源短缺和水权初始界定不明晰，施行水银行制度能有效地解决水权市场建设困境。此外，于淑娟（2008b）借鉴美国水银行的运作经验，提出在当前我国水资源管理现状下，设立水银行有利于促进水资源优化配置。陈广华和芮志文（2010）通过比较分析我国水权交易模式和美国水银行制度，进一步阐释了在我国建立水银行制度的必要性和可行性。王转（2011）认为水银行可以视为水权市场的组织形式之一，并进一步指出可在同一流域不同行政区尝试组建流域性水银行，这比较适合大型引调水工程。

在水银行建立与运作模式的研究方面，张郁和吕东辉（2007b）认为加利福尼亚州水银行运行机制及其管理模式可以为南水北调工程的水资源综合管理创新提供参考和借鉴。潘闻闻（2011）对水银行制度进行了初步探讨，认为水银行运行机制涉及与调水有关的活动，包括买卖协商、交易交割，以及再分配等。同时，水银行对机构人员和运作过程等方面的内容均有具体的设定和安排。此外，水银行遵循公平公正原则，负责制定交易合约条款，组织合约内容的谈判并保证合约执行，参与监督、监控市场风险等重要工作。基于不完全信息博弈模型，华坚和王晓玥（2013）通过分析水银行交易过程中交易双方的行为后指出，有效存水机制的前提条件是具备通畅的信息流通渠道，提高水权市场的信息公开透明化是实现水银行机制的关键问题。王广宇等（2013）深入探讨了水银行运行机制，他们将接收到的存水记为负债，贷出的水资源作为资产，进而根据资产与负债之间的关系建立资产负债表。根据相关法律法规，水银行将水资源富余的单位或个人集中在一起，当他们将所拥有的多余水资源存入到水银行后，可以获得一定的收益或补偿。胡昌林（2014）借鉴国外的水权制度和水权市场发展经验，结合我国以行政手段配置水资源的现有模式，提出我国可引入水银行机制并参照信托模式来建构运行模式，从而使有限的水资源在最大限度上实现优化配置。

3.4.2　理论分析

水权跨期存储作为水银行体系中水权“存储”功能的具体表现，可有效提升水权交易的市场剩余。我国水权初始分配遵循政府控制下的定额管理，即使在完全竞争的市场条件下，每一交易时期的水权商品总量仍是固定不变的，因此其总供给曲线是一条垂直于 X 轴的直线，记为 S_1，水权商品的需求曲线记为 D，如图 3-4（a）所示。在水权市场不允许跨期存储，即水权市场交易期限仅为一期时，S_1 与 D 相交，其交点对应的价格 P_1 即为水权商品市场的均衡价格，此时水权市场的总剩余可用图 3-4（a）的阴影部分表示；当水权市场允许跨期存储，即规定一期未售出的水权商品可进入二期市场再次交易时，二期市场供给在 S_1 的基础上加入一期未售出的商品数量后右移至 S_2［图 3-4（b）］。基于水资源使用的时效性，无论企业生产用水还是个体用水户灌溉用水，当期未得到满足的需求无法转入下期，这使得二期市场的水权商品需求是相对固定的，在没有需求者大量涌入水权市场的情况下二期市场的需求曲线仍为 D，此时均衡价格由 P_1 下降至 P_2，阴影部分的水权市场剩余较之一期市场增加了四边形 $ABCE$ 的部分，这一部分增加的市场剩余除以市场最大可能剩余所得到的值，即为允许水权跨期交易后市场效率提升的部分。

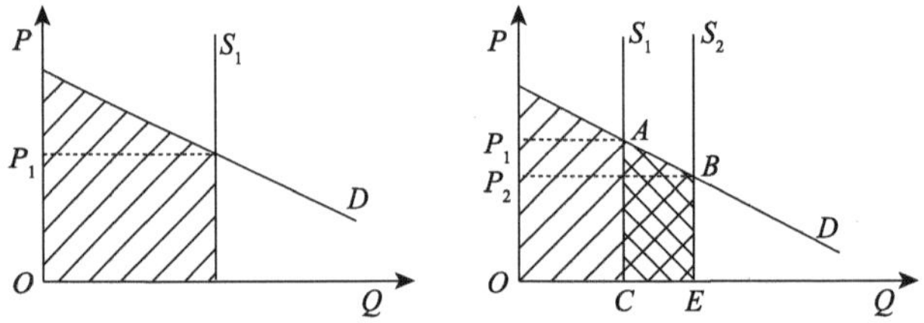

（a）一期市场　　（b）二期市场

图 3-4　水权商品的市场供需曲线

水权跨期存储可有效降低交易成本。交易成本的概念最早由 Coase（1937）提出，指的是市场交易过程中所产生的一切费用，或称交易费用。在此基础上，Williamson（1975）将交易成本细分为搜寻成本、信息成本、议价成本、决策成本和监督成本等方面。我国水权市场尚处于起步阶段，交易机制的不完善导致行为人在产品搜寻、信息获取、讨价还价等水权交易活动中存在较高的交易费用，带来市场效率的牺牲。

水权跨期存储行为可以增加水权商品的市场流动性来降低搜寻成本和信息成本，从而降低交易成本，最终实现水权市场效率的提升。具体过程如图 3-5 所示。在该图中横轴表示水权商品数量，纵轴表示节水的边际成本，曲线 $MC_{甲}$ 和曲线 $MC_{乙}$ 分别表示市场行为人甲和乙实施节水行为的边际成本曲线。当市场中不存在交易成本时，曲线 $MC_{甲}$ 和曲线 $MC_{乙}$ 相交，此时交易价格、成交量分别为 P^*、Q^*；当市场中存在交易成本时，假设此时成交量为 Q_2，初始水权配额为 Q_1，那么甲就会以价格 P_1 卖出（Q_2-Q_1）的水权数量，而乙则会以价格 P_2 买进同样数量的水权商品。此时（P_2-P_1）就是每单位水权商品价格的交易成本。当水权交易市场中允许进行水权商品跨期存储时，交易发生时的水权商品成交量将变为 Q_3，而此时的交易成本将变为图中的阴影部分。可见，相较于没有跨期存储行为的水权市场，在这一情况下水权交易成本明显变小，这将有助于水权市场效率的提升。

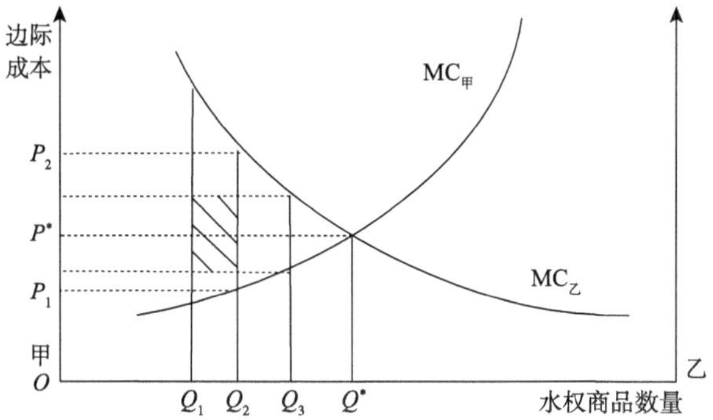

图 3-5　加入跨期行为的水权商品价格变动图

3.5 研究假设

本章通过归纳整理国内外现有关于水权市场效率的理论研究，以此为基础进行了交易制度、交易成本、市场势力及跨期存储水权四个方面因素对水权市场效率影响机制的理论分析。其中，交易制度变化对水权市场效率的影响，主要表现在买卖双方定价行为的变动。由于信息不对称因素的存在，报价方式的不同一定程度上影响买卖双方对市场价格信息的判断，从而导致生产者剩余和消费者剩余的增减，最终影响水权市场效率；水权交易成本的大小会对用水户的交易意愿及水权市场的活跃程度产生直接影响，即交易成本通过产量效应影响市场效率；水权交易市场中的市场势力通过价格机制影响水资源的配置效率，一旦市场中相关主体拥有市场势力，即意味着其有能力将价格提到成本之上，使得市场脱离竞争均衡状态，此时市场失灵，社会总剩余减少，资源配置达不到帕累托最优而呈现低效率状态；水权跨期存储则通过有效提升生产者剩余并降低交易成本，来实现市场效率的整体优化。

因此，在上述理论分析的基础上可以提出有待后续实验研究来验证的四个基础假设。

假设 1：在三种交易制度中，以双向拍卖交易制度下的水权市场效率最高，其次是分散交易制度，而明码标价交易制度下的水权市场效率则最低。

假设 2：水权交易市场中存在的交易成本因素使得市场成交数量减少，并降低市场运行效率。

假设 3：水权交易市场中存在的市场势力使得市场成交价格提升，并降低水权市场的交易效率。

假设 4：跨期存储机制的引入有助于实现水权市场效率的整体提升，即同一交易制度下允许水权跨期存储对促进水权市场有效运行具有正向作用。

第4章　水权交易市场效率研究的实验设计

本书采用实验经济学方法，在考虑交易成本、市场势力、跨期存储等因素及其交互影响的前提下，研究我国水权市场交易机制设计问题，同时检验书中提出的研究假设。在开展水权交易实验研究之前，首先面临的问题是如何科学设计实验。本章在概述实验经济学理论和方法的基础上，拟定了水权交易机制设计实验研究的总体方案，并简述了实验实施准备工作和实验规则。

4.1　实验经济学简介

实验经济学是一门新兴学科，自其诞生至今已被广泛应用于信息经济学、公共经济学、产业组织理论等诸多领域并取得了丰硕的理论研究成果。与此同时，也有效地解决了一些实践中的问题。系统认识该方法的内涵、特征及其发展与应用情况，是规范开展实验研究、提高实验结果可靠性的基础。

4.1.1　实验经济学方法与特征

Smith（1994）给出了“实验经济学”的定义：在有显性或隐含规则的背景下，应用实验方法来研究人类相互作用的决策行为。金雪军和杨晓兰（2006）具体解释了实验经济学的内涵，他们认为实验经济学是指在可控制的实验环境下，针对某一个经济理论或者经济现象，通过控制某些条件、观察决策者行为、记录实验数据和分析实验结果，检验、比较和完善经济理论并为政策决策提供依据。

实验经济学具有可控制性与可重复性两大特征，这也是实验经济学的优势。可控制性是指可以控制实验室条件，通过观察行为、收集数据等检验理论或政策，包括创造与理论假设相符的实验环境，以及创造其他条件完全相同的实验环境。可重复性是指其他学者可以重复实验并独立地检验该实验结果。实地数据一般是特殊的、不可重复的，而实验室数据却是可以重复的，这提高了数据的精确性，也激发了学者更为谨慎地收集和处理数据的积极性，因为其他学者可以通过同样的方法对实验数据及结果加以检验。

但同时难以否认，实验经济学也有着一定的局限性。例如，实验内容越来越专业和复杂，而被试受到自身知识水平的限制，做出正确决策的难度增加。另外，被试尤其是学生被试可能出于达成实验设计者期望的原因而有意做出某些决策，这使得一些实验由不同的学者设计或由不同的被试执行会得到截然不同的结果，这也降低了实验经济学的可重复性。这些问题的解决都有待于实验技术的进一步提高。

4.1.2 实验经济学发展与应用

Chamberlin（1948）报告了第一个市场实验，这被认为是实验经济学的开始。他提出实验经济学的目标就是严格剔除干扰变量，观察被试在特定环境下的真实经济行为。他通过模拟真实市场交易来检验产业组织理论。在他的实验中，交易是未受管制的、无组织的，学生被试被允许以分散的方式在教室里自由走动、分散交易，尽管市场结构是竞争性的，实验结果却系统性地偏离了竞争市场理论均衡值。Smith（1962）《竞争性市场行为的实验研究》一文的发表则标志着实验经济学的正式诞生。他在研究中设计了双向拍卖制度下的实验，在这种制度下，买卖双方的报价和成交价都是公开的信息，为市场上所有交易者所知晓，实验结果显示双向拍卖制度下的市场得到了有效的市场竞争结果。自此之后，半个多世纪以来，尤其是 20 世纪 90 年代后出现了大量实验经济学的文献和专著，实验经济学的规范和标准逐步形成。概而言之，当前市场实验领域的研究一部分沿着 Chamberlin 的方向继续研究产业组织问题，另一部分沿着 Smith 的方向研究交易制度和市场结构变化时竞争价格理论的有效性。

个人选择实验是实验经济学第二个重要的分支，主要研究简单情形中的个人行为。比较著名的个人选择实验主要有三类，包括 Allais（1953）有关“阿莱悖论”的实验、Lichtenstein 和 Slovic（1971）有关“偏好逆转”的实验及 Kahneman

和 Tversky（1979）有关“前景理论”的实验。

20 世纪五六十年代产生了博弈实验，研究者主要为心理学家、博弈理论学家和经济学家。Tucker（1980）对囚徒困境问题做出了第一个明确的论述，后来，一些学者将其和经济学中的寡头垄断问题联系起来进行了研究。博弈实验研究也较多涉及最后通牒问题和公共产品问题。随着博弈论在经济学中地位的提高，博弈实验也越来越受到学者的重视。

实验经济学发展至今，不仅在市场实验、个人选择实验和博弈实验等领域得到了广泛应用，还扩展到了其他领域，如国际贸易、金融市场、公共政策等方面的研究中。在上述各研究领域，实验经济学都发挥了重要作用。一些学者利用实验经济学方法对各种经济理论进行检验；另有学者通过实验引入原有理论忽略的因素，从而构建新理论。此外，实验室证据可以为公共政策决策提供参考，而做实验的过程又丰富了经济学教学的形式和内容。

4.2　实验研究总体方案

通过实验室中水权交易活动的模拟来考察不同交易制度下水权市场有效性，并尝试与我国国情因素相结合，将交易成本、市场势力、跨期存储机制等因素纳入实验设计中，由此形成了水权市场交易机制实验研究的总体方案。

4.2.1　实验目的

当前对水权市场绩效的研究主要基于产业组织理论的 SCP 范式，认为市场结构影响了市场行为，从而进一步影响了市场绩效，但忽略了交易制度对市场绩效的影响。Chamberlin（1948）最先运用实验经济学方法研究市场效率问题，实现了实验室中交易活动的模拟。实验经济学通过严格的实验情境设计、实验条件控制、实验者行为观测及决策模式的量化处理和数值分析，建立分析对象之间的因果关系并加以考察，具有低成本、易控制、易观测的优势，在研究交易制度对市场绩效的影响方面有着举足轻重的作用。大量实验研究表明，交易制度对市场均衡结果和市场效率有着重要影响，交易制度成为研究市场效率问题的重要变量，政府可以通过交易制度的设计与选择来提高市场效率。由此，本书采用实验经济学方法，基于模拟实验考察水权市场有效性，在实验中将以水权市场交易成本有或无、水权初始竞争或垄断分配、跨期存储机制存在与否的多种交叉组合为前提，考察分散交易、明码标价和双向拍卖三种交易制度下的水权市场运行效果。

2016 年水利部印发的《水权交易管理暂行办法》规定，“按照确权类型、交易主体和范围划分，水权交易主要包括以下形式：（一）区域水权交易：以县级以上地方人民政府或者其授权的部门、单位为主体，以用水总量控制指标和江河水量分配指标范围内结余水量为标的，在位于同一流域或者位于不同流域但具备调水条件的行政区域之间开展的水权交易。（二）取水权交易：获得取水权的单位或者个人（包括除城镇公共供水企业外的工业、农业、服务业取水权人），通过调整产品和产业结构、改革工艺、节水等措施节约水资源的，在取水许可有效期和取水限额内向符合条件的其他单位或者个人有偿转让相应取水权的水权交易。（三）灌溉用水户水权交易：已明确用水权益的灌溉用水户或者用水组织之间的水权交易。通过交易转让水权的一方称转让方，取得水权的一方称受让方。”即水权交易可以分为区域水权交易、取水权交易、灌溉用水户水权交易三种类型。

同年，中国水权交易所开业运营，截至 2019 年 8 月 31 日，该平台共促成 172 笔交易，其中取水权交易单数占比 40.70%，交易水量占总交易水量的 82.34%①。可见，当前以取水许可制度为基础的取水权交易已成为我国较活跃且交易量最大的水权交易类型。据此，我们在实验设计中将水权市场交易标的设为取水权。

在我国水权市场的发展过程中，由于行政管理体制、转型经济背景、复杂的产权问题，以及水文的不确定性、用水需求的不确定性、水行政主管部门和用水户之间的信息不对称性，水权交易面临着较高的交易成本。尤其在当前我国水权市场发育还不成熟的情况下，高额的交易成本将贯穿整个水权交易过程，这可能会影响水权交易量、交易价格和市场运行效果。因此，我们将交易成本因素纳入水权市场交易机制设计的实验研究中。

在我国，水资源所有权隶属于国家，因此水权初始分配一直由政府主导。实践中由于政府行政控制，使得各级政府，尤其是地方政府在水权配置上拥有较大主动权，同时由于利益主体的多元化及民主协商机制的缺失，水权初始分配难以做到合理、公平。水权初始分配的不合理性将容易引致水权市场中市场势力的出现，因此，我们将市场势力因素纳入水权交易实验研究中。

截至 2020 年 6 月我国水权市场尚未建立并施行跨期存储机制，大量水权许可证存在着过期即无用的情况，这在一定程度上限制了水资源配置效率，造成了水

① 源自中国水权交易所官网（http://www.cwex.org.cn/），书中数据是经过整合计算而来。

资源的浪费。同时，跨期存储机制抗衡不可控因素对水权市场干扰的作用也没能得到有效地发挥。大量对碳权市场、排污权市场的研究表明，跨期存储有利于提高市场配置资源的效率。因此，水权交易的模拟开展中我们引入了跨期存储机制。

本书实验比较了分散交易、双向拍卖、明码标价三种交易制度下水权市场运行效果的差异，并依次引入交易成本因素、市场势力因素及跨期存储机制，进一步考察其对水权市场运行的不同影响，旨在为我国水权市场未来发展提供实验室证据，为我国水权市场运行中政府责任的合理定位提供决策参考。

4.2.2　实验方案设计

基于数据可比性考虑，本实验设计主要参考 Plott（1982）的实验设计方法。为了顺利实现研究目标，即比较分散交易、双向拍卖、明码标价三种交易制度下水权市场的运行情况，同时考察交易成本、市场势力及跨期存储机制存在与否对市场运行效果的影响，我们设置了五组实验，每组实验包括 3 个实验局，每个实验局重复进行 6 轮实验，每轮实验限时 10 分钟。

第一组实验在无交易成本且经济用水取水权竞争分配的前提下，考察水权市场的运行在分散交易、双向拍卖、明码标价三种不同的交易制度下是否存在差异表现，以探究交易制度对水权市场运行效率的影响。本组实验局设为 E1、E2、E3。第二组实验中经济用水取水权初始分配仍是竞争分配，对考虑交易成本因素后不同交易制度下水权市场运行情况进行比较，以探索交易成本对水权市场效率的影响，同时分析交易成本在不同交易制度下对水权市场运行影响程度是否存在异同。本组实验局设为 E4、E5、E6。第三组实验仍然加入交易成本因素，但将经济用水取水权初始分配调整为垄断初始分配。实验主要考察当水权初始配置中存在市场势力时，水权市场运行效率在三种不同交易制度下的变化情况。本组实验局设为 E7、E8、E9。第四组实验在交易成本存在的前提下，仍然假定经济用水取水权为竞争初始分配，重点比较允许跨期存储后各个交易制度下水权市场运行效率的变化及跨期水权市场一期与二期运行情况差异，以探讨跨期存储机制对不同交易制度下水权市场效率的影响。由于引入跨期存储因素后形成了跨期水权市场，本组实验局设为 E10-1、E10-2、E11-1、E11-2、E12-1、E12-2。第五组实验结合水权市场发展实际情况和对未来水权市场发展的展望，在存在交易成本和市场势力的前提下，探究跨期存储因素对不同交易制度下水权市场运行效果的影响。同样，由于引入了跨期存储机制，本组实验局设为 E13-1、E13-2、E14-1、E14-2、E15-1、E15-2。上述五组实验的具体设置见表 4-1。

表 4-1　水权市场效率研究的实验局设置

组别	实验局	交易制度	交易成本	许可证初始分配	跨期存储机制
组一	E1	分散交易	无	竞争	无
	E2	双向拍卖	无	竞争	无
	E3	明码标价	无	竞争	无
组二	E4	分散交易	有	竞争	无
	E5	双向拍卖	有	竞争	无
	E6	明码标价	有	竞争	无
组三	E7	分散交易	有	垄断	无
	E8	双向拍卖	有	垄断	无
	E9	明码标价	有	垄断	无
组四	E10	分散交易	有	竞争	有
	E11	双向拍卖	有	竞争	有
	E12	明码标价	有	竞争	有
组五	E13	分散交易	有	垄断	有
	E14	双向拍卖	有	垄断	有
	E15	明码标价	有	垄断	有

4.3　实验实施说明

为了体现水权交易实验的可控制性和可重复性，有必要对实验实施中涉及的实验环境、实验被试、实验数据采集、激励措施等方面事先进行严格设计，并予以详细说明。

4.3.1　实验环境

实验正式进行前一周，申请一间独立的实验室作为实验地点，并提前做好相关准备，确认房间计算机数量及其联通状况。整个实验室包含一台主机，12 台子机，子机经由局域网的方式连接至主机，彼此之间可实现信息的传递与交互，各机位之间享有独立的操作空间，参与者无法看到其他人的产品信息表，也无法知晓他人的决策过程。此外，实验开始前检查并确认实验室周围情况，尽可能确保实验过程中无外界噪声、实验外人员进入等突发因素的干扰。室内黑板等一切可能承载信息的载体都提前清空，避免外部信息对被测者的不定干扰。

4.3.2 实验被试

在经济学实验中，被试被要求在设定好的实验环境中完成选择或交易任务，因此被试必须有足够的经验和智商来理解该实验环境并明白自己该做什么。另外，大多数实验为了数据的可靠性，会要求被试重复多个交易周期，因此需要被试有足够的耐心。尽管存在着对被试选取单一学生群体的批评，但现有实验经济学文献中多数实验对象仍以在校学生为主，并且 Dyer 等（1989）从社会上招募有实际证券买卖经验的个体作为实验者，实验结果显示其交易行为与学生被试的交易行为不存在显著的差异性。基于方便性和降低成本等因素的考虑，水权市场交易机制设计的实验实施中选择学生作为被试。

经济学理论通常不对性别做假设，现有经济学实验中，检验被试性别对实验结果影响的研究也较少。但由于实验中存在面对面交易的任务，为减少男性和女性的行为方式差异对实验结果的影响，因此招募同等数量的男生和女生作为被试，且在面对面交易环节仅选择同性组合。

实验经济学家经过大量实验研究后发现，被试数量增加带来的效率增长会随被试数目的增加而下降，因此，大多数实验中的被试数量通常接近最低限制。我们参考了实验经济学的经典文献，发现被试数量一般在 6 ~ 15 人，本书选取被试数量为 12 人。

我们通过自愿性招募（见附录 B），共选取了 12 名学生参与了实验，其中男生 6 人，女生 6 人。被试均具备一定的经济学知识，大部分有购物及讨价还价的经历，本次实验前所有被试都没有相关的实验经历。将 12 名被试随机分为 6 个买家和 6 个卖家。每名被试均需参与 5 个实验组，共 15 个实验局 90 轮实验。每轮实验限时 10 分钟。

4.3.3 实验数据采集

实验于 2017 年 12 月在学校实验室进行。在实验开始之前，我们向被试发放并宣读了《实验说明》（见附录 C），详细介绍了实验目的、实验内容、实验流程及操作方法等，并允许被试自由提问，以保证每个被试都完全理解实验流程和程序。为使被试熟悉实验操作，我们先进行了实验界面的演示（见附录 D），并安排了 3 次模拟实验，模拟实验数据不纳入最终结果。实验采取现金奖励的形式对被试进行报酬激励，实验结束后被试根据个人剩余折现。

实验采用口头交易和计算机交易相结合的方式进行，其中分散交易制度下的实验局采用口头交易形式，由工作人员记录成交情况；双向拍卖和明码标价制度下的实验局采用计算机交易形式，依托于 zTree 软件进行，由 zTree 软件自动记录交易过程。我们事先编写了双向拍卖制度和明码标价制度下的 zTree 程序，为确保实验顺利进行，对实验电脑联网情况和 zTree 对话界面显示情况进行了调试，同时为了避免被试之间信息交流，各计算机终端之间采用挡板隔离。

4.4 实验规则

本书实验目的在于基于不同情景下水权交易实验结果优选水权市场交易制度，交易制度的核心是价格形成机制，主要包括分散交易、双向拍卖、明码标价等类型。各交易制度在交易规则上有明显不同，其规则上的极大差异性对水权市场的运行效率必然产生一定影响。

4.4.1 分散交易制度

首先每位交易者在实验室中自由选择一名交易对象，同时卖家给出高于所交易产品保留成本的要价，买家则给出低于所交易产品保留价格的竞价。买卖双方自由讨价还价直至成交；如无法达成交易，可以选择更换对象继续进行交易，直至此轮实验结束。实验结束后，交易者需在工作人员处登记成交时间、成交数量与成交价格。具体交易过程如图 4-1 所示。

4.4.2 双向拍卖制度

双向拍卖制度是一种对称的拍卖，买方竞价、卖方要价及双方成交价都是公开和随机选择的结果。每位交易者在各自计算机终端输入愿意交易的第一产品价

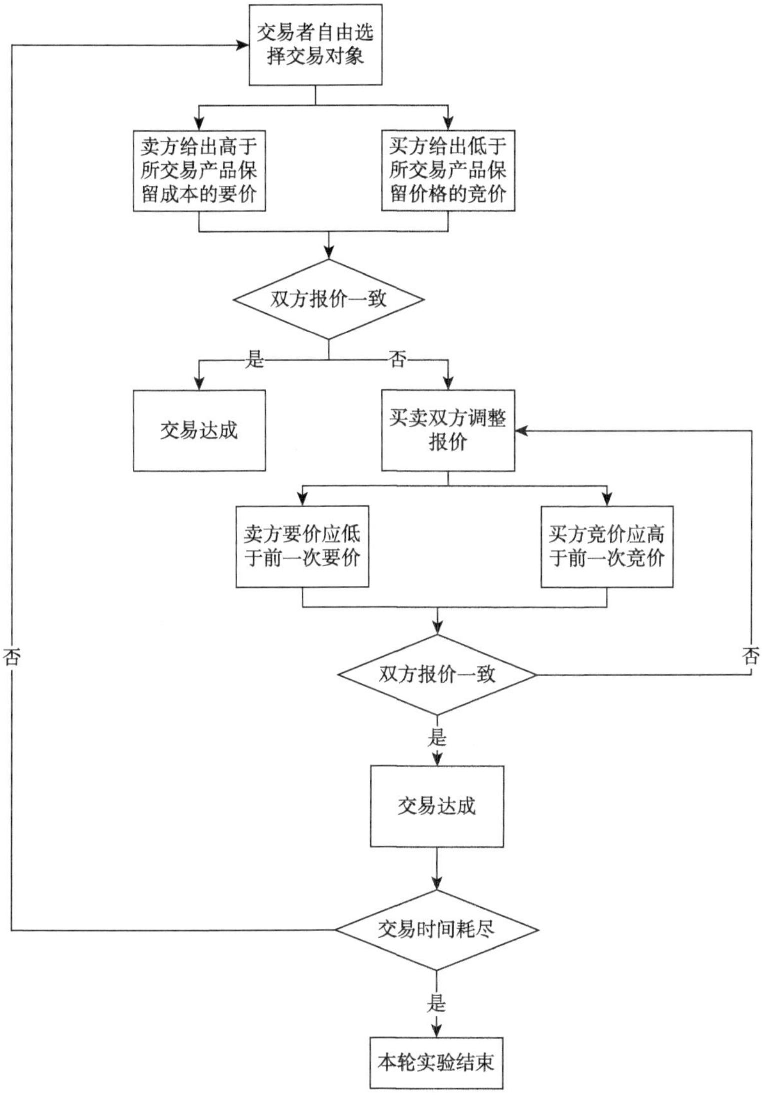

图 4-1　分散交易制度下单位产品价格博弈过程

格，系统将其显示在市场上所有交易者的界面上，其中卖家要价、买家竞价分别从高到低、从低到高依次排列。当买家竞价与卖家要价一致时，双方达成交易，而相同竞价或要价按时间优先顺序被系统接受。若第一次叫价后交易未达成，则每位交易者调整意愿成交价格，其中卖家要价应低于前一次要价，买家竞价应高于前一次竞价。重复以上过程，当卖家所有产品售完，或者买家竞价持续低于卖家要价且无人调整报价时，本轮实验结束。由此，可得到双向拍卖制度下的合约序列。具体交易过程如图 4-2 所示。

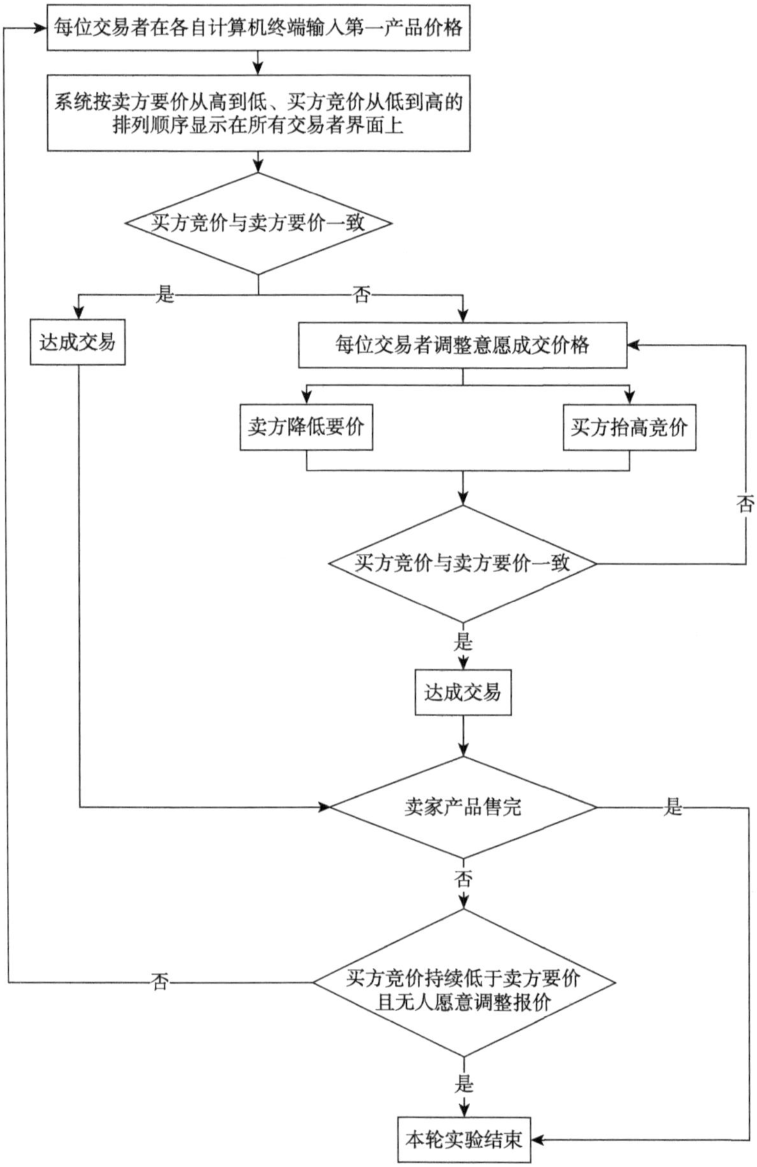

图 4-2　双向拍卖制度下单位产品价格博弈过程

4.4.3　明码标价制度

明码标价制度又称标签价格制度，分为明码卖价制度和明码买价制度，本书在实验研究中采用明码卖价制度。首先卖家在各自计算机终端输入产品当期报价，以及能以该价格提供的产品数量，系统将价格信息传递给市场上所有交易者。在所有卖家标示产品价格之后，开始一个购买序列。随机抽取一名买家，该买家可在标示的价格水平上，按其可接受价格选择对应的未售完其最大产品数量的卖家进行交易。当一名买家完成购买之后，随机抽取另外一名买家，重复这一过程。当所有供给单位售完，或者各买家意愿购买价格均低于各卖家要价，则此轮交易结束。由此，可得到明码标价制度下的合约序列。具体交易过程如图 4-3 所示。

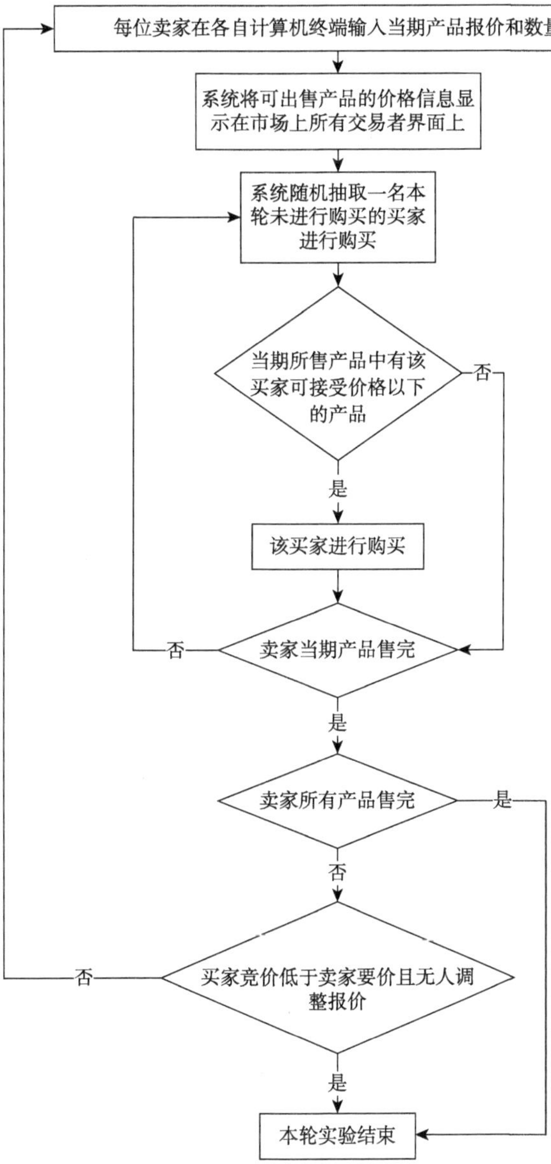

图 4-3 明码标价制度下单位产品价格博弈过程

4.5　水权市场效率的测算

为了比较不同交易制度下水权市场运行效果，本书引入市场效率作为主要统计指标［式（4-1）］，该指标为买方和卖方获得的消费者剩余和生产者剩余之和与理论最大总剩余的比值，是衡量水权市场运行有效性最直观的指标。该指标为正向指标，即数值越大代表水权市场有效性越强。

$$\eta=\frac{\pi}{R}=\frac{\sum_{i=1}^{12}\pi_i}{R}=\frac{\sum(\mathrm{MV}_i-P_i)+\sum(P_i-\mathrm{MC}_i)}{\int_0^{Q_0}[D(Q)-C(Q)]\mathrm{d}(Q)} \tag{4-1}$$

其中，π 为实验中的总收益；R 为整个水权市场的理论最大总收益；π_i 为第 i 个参与者在每一个实验单元中的收益；MV_i、MC_i 分别表示交易者对商品的保留价格、保留成本；P_i 为产品实际交易价格；Q 为产品交易数量；$D(Q)$ 为需求函数；$C(Q)$ 为供给函数。

同时，本书还引入了成交价格、成交数量、平均价格偏离、平均数量偏离等其他统计指标，并分析水权交易价格行为和交易者剩余分布，以全面衡量水权市场有效性。

第 5 章　基于实验数据的水权交易市场运行效果分析

在交易制度选择、交易成本是否存在、经济用水取水权是竞争初始分配还是垄断初始分配、是否允许跨期存储水权的多种交叉组合的不同实验设置之下，应用实验经济学方法建立虚拟水权交易市场并获取实验数据。本章首先对实验数据进行统计分析，比较分散交易、双向拍卖、明码标价三种交易制度下的水权市场运行效果；其次，在这三种交易制度下，分别考察引入交易成本因素、市场势力因素及跨期存储机制时水权交易市场效率的变化情况；再次，应用非参数检验方法，分析不同实验设置下水权市场效率差异；最后，进一步讨论实验结果并对前文研究假设进行仿真验证。

5.1　不同交易制度下的水权交易市场运行效果

传统的 SCP 范式认为市场结构决定了企业市场行为，而忽视了交易制度的设计与选择问题。事实上，交易制度对市场运行有效性有着重要影响。本节对水权市场参数和水权交易实验进行初始设置，通过对基准条件下，即无交易成本、无市场势力、无跨期存储机制时水权交易实验的开展和所获得的实验数据，分析不同交易制度下水权市场价格行为、市场剩余和市场效率等相关统计指标，研究分散交易、双向拍卖、明码标价三种交易制度对水权交易市场运行效果的差异影响。

5.1.1　市场参数设置

在本次实验中，我们建立了一个虚拟的产品交易市场，该市场有 6 个卖家和 6 个买家，共 12 名交易者，且每个卖家所出售产品、买家所需产品均是同质的。对于每名交易者而言，其所销售或购买的每一单位商品都有一个保留成本或保留价格。卖方保留成本、买方保留价格的设置主要基于 2016 年本书课题组赴甘肃省疏勒河流域开展水权市场建设调研中获得的水价信息。当地农业水价约为每立方米 0.13 元，水权交易中工业用水户愿意承担的最高用水价格约为每立方米 0.20 元。基于此，我们设定了对应于不同交易单位的卖方保留成本、买方保留价格。总体上，卖方可用于交易的水权数量越多，其保留成本越高；随着买方购买更多的水权，其保留价格逐渐降低。同时，实验中卖方保留成本与买方保留价格之间的相对关系不变，即卖方保留成本不高于初始设置的买方保留价格，买方保留价格不低于初始设置的卖方保留成本。最后，为方便比较实验结果，我们对交易者的保留成本和保留价格进行了放大 1000 倍的处理。上述保留成本和保留价格为私有信息，不被其他任何交易者所知晓。交易者每单位产品的保留成本或保留价格设置见表 5-1。

表 5-1　交易者每单位产品的保留成本或保留价格[①]

编号	S1	S2	S3	S4	S5	S6	B1	B2	B3	B4	B5	B6
1	130	130	130	130	142	142	183	200	190	186	153	150
2	130	133	136	139	144	148	178	179	175	173	151	149
3	130	133	137	142	147	150	175	170	170	168	148	147
4	131	133	143	147	152	153	172	169	167	162	147	145
5	132	138	152	153	159	162	164	162	161	155	145	142
6	136	145	160	163	167	171	155	151	148	143	142	140
7	145	147	166	165	172	177		146	144	141		138
8	152	156	171	179		183		142	139	138		
9		162	173	183		194		133	132			
10		169						131				

表 5-1 中首行 S1～S6、B1～B6 为市场交易者编号，分别代表 6 名卖家和 6 名买家；首列为交易者的产品编号。例如，卖家 S1 从第一单位产品到第八单位产品的保留成本分别是 130、130、130、131、132、136、145、152，因此，如果交

① 表中保留成本或保留价格单位为“千分之一元”。参考实验经济学多数文献的做法，未在表中标注单位，本书中其他图表也做类似处理。

易价格是 140，他可以卖出 6 个单位产品。买家 B1 从第一单位到第六单位产品的保留价格分别为 183、178、175、172、164、155，因此如果交易价格是 140，他可以买入 6 个单位产品。将买方的保留价格和卖方的保留成本分别按从高到低、从低到高依次排列，构成需求曲线和供给曲线。根据完全竞争市场理论，市场供求曲线之交点所对应的成交价格和数量即为完全竞争市场均衡的理论价格与成交量。由此，可以得到完全竞争市场的均衡成交量、均衡成交价格分别为 26 或 27[①]、148（图 5-1）。

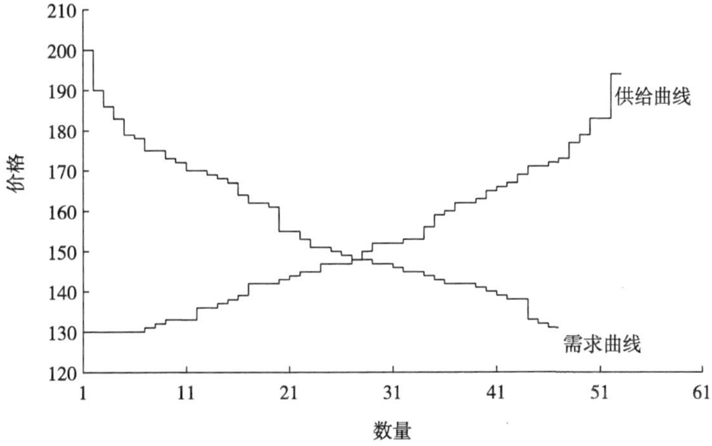

图 5-1　完全竞争市场的理论均衡曲线

5.1.2　实验设置

实验组一为基准实验，是在无交易成本、无市场势力、无跨期存储的前提下，考察在分散交易、双向拍卖、明码标价三种交易制度下水权市场效率及水权成交价格和成交数量的差异，重点探究交易制度对水权市场运行效果的影响效应。本组实验设置如表 5-2 所示。

表 5-2　组一实验局参数设置

组别	实验局	交易制度	交易成本	许可证初始分配
组一	E1	分散交易	无	竞争
	E2	双向拍卖	无	竞争
	E3	明码标价	无	竞争

① 最后一笔交易之时，卖方保留成本与买方保留价格相等，是否交易不会影响各自剩余与市场剩余，即“可有可无，全凭意愿”，故此处均衡数量为两个值。

表 5-2 中，E1、E2、E3 分别代表无交易成本且水权许可证竞争初始分配时分散交易、双向拍卖及明码标价制度下的 3 个实验局，每个实验局进行 6 轮实验。本组实验中买卖双方的保留价格（成本）见表 5-1，基于完全竞争市场理论，社会最优交易量为 26 或 27，在具体实验设计中选择发放 27 个水权许可证。本组实验的前提是水权许可证竞争初始分配，表 5-3 为水权许可证的竞争初始分配设计。

表 5-3　水权许可证的竞争初始分配设计（组一）

组别	S1	S2	S3	S4	S5	S6
组一	4	6	5	3	5	4

在许可证竞争初始分配中，总共 27 个许可证被较为平均地分配给 6 个卖家，其中，S1、S6 分别获得 4 个初始许可证，S2 获得 6 个许可证，S3 和 S5 各获得 5 个初始许可证，剩余 3 个许可证为 S4 所拥有。

5.1.3　实验结果与分析

1. 价格行为分析

首先对各实验局水权交易行为进行描述性分析。本书各实验局分别进行了 6 轮实验，考虑到篇幅限制，我们选取最具代表性的第 4 轮实验结果绘制了各实验局的合约价格序列。图 5-2 为实验组一中 E1、E2、E3 实验局的合约价格序列。同时，我们在附录 E 以表格形式列示了五组实验共 15 个实验局的合约价格序列。

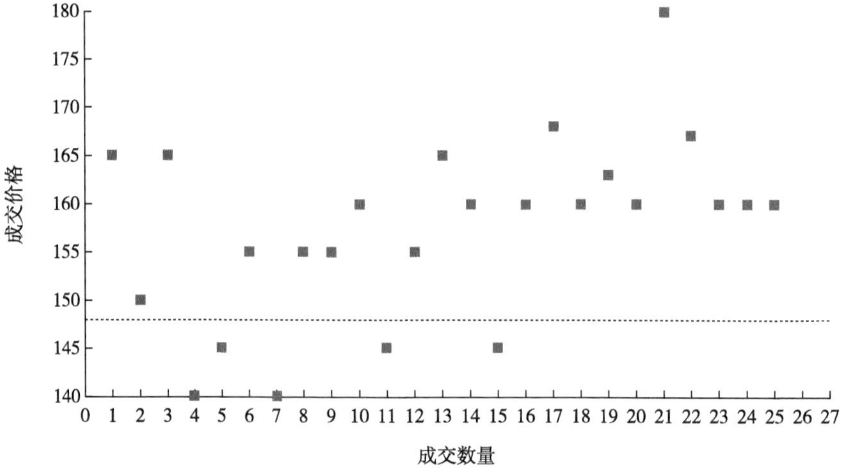

（a）E1

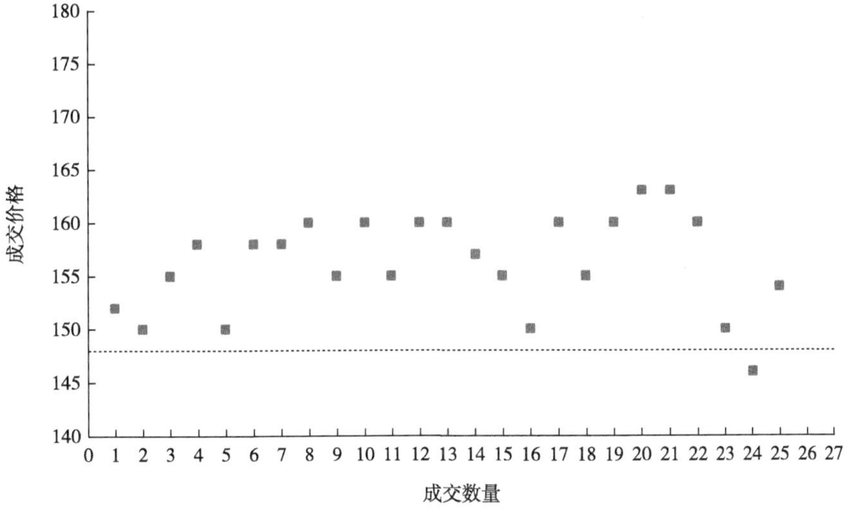

（b）E2

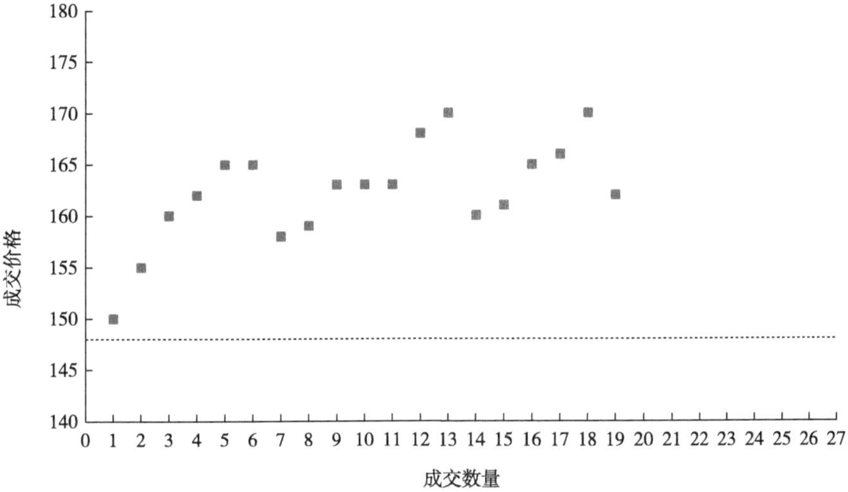

（c）E3

图 5-2　组一实验局合约价格序列

由图 5-2 可知，在不存在交易成本且水权许可证为竞争初始分配的情况下，各交易制度下的合约价格序列各有特点。总体而言，随着水权交易的推进，在分散交易制度下，水权交易价格经过初始调整后逐渐趋于稳定，并形成了对均衡水平较大的正向偏离；在双向拍卖制度下，整体上水权交易价格较为平稳且高于均衡成交价格，但在交易末尾有一些波动，个别水权商品成交价格甚至低于均衡水平；较之上述两类交易制度，明码标价制度下水权交易价格均明显高于均衡成交价格，且呈现阶段式上升趋势。

2. 市场剩余分析

表 5-4 列示了实验组一中 E1、E2、E3 实验局的水权市场剩余分布情况，包括水权市场上 12 个交易者的个人剩余、买方总剩余、卖方总剩余、买卖双方剩余比例及市场垄断效率，均为各实验局 6 轮实验结果的平均值，下文组二 ~ 组五实验局的市场剩余分布也进行类似处理。

表 5-4　组一实验局市场剩余分布①

实验局	S1	S2	S3	S4	S5	S6	B1	B2	B3	B4	B5	B6	π_S	π_B	N	M
E1	69	139	94	45	59	32	72	59	56	81	12	9	438	289	1.52	1.3977
E2	94	118	95	56	39	40	88	85	77	55	5	1	441	310	1.42	1.4167
E3	113	109	88	63	55	35	65	76	58	42	1	0	462	241	1.92	1.5360

注：π_S 为卖方实际总剩余，π_B 为买方实际总剩余；N 为买卖双方剩余比例，反映卖方总剩余与买方总剩余的比值，计算公式：$N=\pi_S/\pi_B$；M 为市场垄断效率，反映卖方在竞争性价格水平上获取超额利润的程度，计算公式：$M=(\pi_S-\pi_C)/(\pi_M-\pi_C)$，其中 π_C 为竞争性预期的卖方剩余，π_M 为卖方联合剩余最大化条件下的卖方剩余

由表 5-4 可知，在不存在交易成本且水权许可证为竞争初始分配的情况下，市场上 12 名交易者的个人剩余分布呈现不均衡的特征，S1、S2、S3 获得的个人剩余远多于其他交易者；B5 和 B6 获得极少的个人剩余，尤其是在明码标价制度下，B6 没有获得任何个人剩余。总体而言，组一各实验局中，买卖双方剩余分布也表现为不均衡，各交易制度下的卖方总剩余均远超买方总剩余，说明卖方在水权交易中占据了主导地位，获得了更多的市场剩余；市场垄断效率均大于 1.0，说明卖方有能力在市场上获取超额利润。相比较而言，明码标价制度下的买卖双方剩余比例最大，且市场垄断效率最高，说明在该制度下卖方控价能力较强，能通过提高要价来攫取更多利润；而在双向拍卖制度下，买卖双方剩余比例相对较低，说明双向拍卖制度有利于促成买卖双方势力均衡，并形成较为公平合理的市场交易环境。

3. 统计指标分析

表 5-5 列示了实验组一 E1、E2、E3 实验局的实验结果和相关统计指标，包

① 表 5-4 中 12 个交易者的个人剩余、买方总剩余、卖方总剩余和表 5-5 中市场剩余均保留整数，实际计算时为了保证数据精确度采用的 6 轮实验结果平均值含无限循环小数，因此表 5-4 中显示的卖方 6 名交易者个人剩余的总和与卖方总剩余、买方 6 名交易者个人剩余的总和与买方总剩余、卖方总剩余与买方总剩余的总和与表 5-5 的市场剩余、依据表 5-4 中显示的卖方总剩余与买方总剩余计算所得的买卖双方剩余比例和市场垄断效率与表 5-4 所列示的数值之间存在一定误差，为正常现象，其余各组实验局同理。

括成交价格、成交数量、市场剩余、市场效率、平均价格偏离和平均数量偏离，均为各实验局 6 轮实验结果的平均值。下文组二～组五实验局相关统计指标也做类似处理。

表 5-5　组一实验局相关统计指标[①]

组别	实验局	实验结果（Q，P，π）	市场效率/%	平均价格偏离	平均数量偏离
组一	E1	(24.3，156.8，727)	91.33	8.815	−0.099
	E2	(24.7，156.5，752)	94.43	7.506	−0.086
	E3	(18.7，161.1，704)	88.40	9.012	−0.309

注：Q、P、π分别代表成交数量、成交价格和市场剩余；平均价格偏离是反映实验市场的交易价格对理论市场均衡价格的偏离，也称市场会聚系数，计算公式：平均价格偏离=$\sum(P_1-P_0)/P_0$；平均数量偏离主要反映实验室市场商品的成交数量对理论市场均衡交易量的偏离，计算公式：平均数量偏离=$(Q_1-Q_0)/Q_0$

根据表 5-5 给出的 E1、E2、E3 实验局实验结果，在不存在交易成本且水权许可证为竞争初始分配的情况下，具有共性的是，各交易制度下的水权成交价格均高于理论竞争均衡价格，成交数量均低于理论竞争均衡成交数量，社会总剩余均小于理论最大社会剩余，说明各实验局均存在一定的社会福利损失[②]。进一步比较三个实验局所得实验结果可以发现，双向拍卖制度下的水权交易实际成交价格、成交数量和市场剩余指标更接近于竞争市场模型预测的结果，具有更高的市场效率，达到 94.43%；其次是分散交易制度，较之双向拍卖制度，各指标发生些微变化，市场效率达到 91.33%；而明码标价制度下的水权市场效率相对最低，仅为 88.40%，其成交价格、成交数量和市场剩余指标与理论均衡值的差距也相对最大。从实际成交价格来看，分散交易与双向拍卖两类交易制度下的水权交易成交价格极为接近，而明码标价制度下的水权交易成交价格相较于这两类交易制度下的水权交易成交价格明显要高。实验中水权交易的成交数量则与成交价格存在反向关系，交易价格越高，则成交数量越少，即明码标价交易制度下的水权成交数量最少。值得注意的是，E1 实验局即分散交易制度下的水权交易市场成交数量接近于双向拍卖交易制度下的成交数量。而在实验中我们发现，分散交易制度下每轮实验的交易时间结束时买卖双方均仍有继续进行水权交易的意愿，若不考虑水权交易的取水许可制度，分散交易制度下的水权交易成交数量很可能超过竞争性数量。

---

① 表 5-5 中各实验局的市场剩余均保留整数，实际计算时为了保证数据精确度采用的 6 轮实验结果平均值含无限循环小数，因此根据表 5-5 中显示的市场剩余所计算出的市场效率与表 5-5 中列示的市场效率存在一定误差，为正常现象，其余各组实验局同理。

② 下面各组实验中，在存在交易成本的水权市场中，无论水权许可证是竞争初始分配还是垄断初始分配，以及是否引入跨期存储机制，各实验局成交价格、成交数量、市场剩余均呈现类似特征，但在程度上有差异，始终存在社会福利的损失。

在不考虑交易成本的水权市场中，将 E1 与 E2、E2 与 E3、E1 与 E3 实验局两两对比，着眼于平均价格偏离、平均数量偏离与市场效率指标三者的关系可以看出，交易制度改变之后，各实验局平均价格偏离值、平均数量偏离绝对值发生同向变化，市场效率则表现为反向变动。其中，明码标价制度下水权交易平均价格偏离值、平均数量偏离绝对值最高，但市场效率相对偏低，说明采用明码标价制度后卖方在高价售出水权产品的同时，伴随的是成交数量的减少和市场运行效率的降低，即高成交价格的获得是以牺牲成交量和市场效率为代价的。

5.2 考虑交易成本因素时水权交易市场运行效果的变化

水权交易市场中普遍存在交易成本，因此有必要探究不同交易制度下，交易成本因素对水权交易市场运行的影响。本节通过改变保留成本与保留价格等市场参数来区分水权市场有、无交易成本的情况，模拟水权交易并分析考虑交易成本因素时不同交易制度下水权市场运行效果的变化情况。

5.2.1 市场参数设置

实验组二主要考察交易成本因素对水权交易市场运行是否会产生影响。在我国水权市场发育还不成熟的情况下，水权交易市场中存在高额的交易成本，并且贯穿整个水权交易过程。因此，卖方每销售一单位产品的成本将有所提高，而买方对水权交易成本的接受程度存在一定的滞后性，且基于理性人假设买方在短期内的保留价格上调幅度较小。基于此，在考虑交易成本因素时，将卖方保留成本和买方保留价格在原有基础上适当上调，且买方保留价格上调幅度相对卖方保留成本上调幅度较小。表 5-6 是调整后的市场参数。

表 5-6 加入交易成本后交易者每单位产品的保留成本或保留价格

编号	S1	S2	S3	S4	S5	S6	B1	B2	B3	B4	B5	B6
1	142	143	140	143	152	152	185	201	192	188	156	151

续表

编号	S1	S2	S3	S4	S5	S6	B1	B2	B3	B4	B5	B6
2	142	145	147	150	154	157	181	181	177	175	152	150
3	142	145	150	154	158	160	178	172	173	170	149	148
4	143	146	156	158	162	163	174	171	169	165	147	147
5	143	149	164	165	169	172	167	164	163	157	147	145
6	147	157	175	176	177	182	158	153	149	146	143	142
7	155	158	178	178	182	187		147	146	143		139
8	162	166	184	189		193		145	141	139		
9		172	185	193		204		136	135			
10		179						135				

将调整后的保留价格和保留成本分别按从高到低、从低到高依次排列，构成新的需求曲线和供给曲线，市场供求曲线的交点所对应的成交价格和数量即为加入交易成本后市场均衡的理论价格与成交量。加入交易成本后的市场供求曲线，如图 5-3 所示。

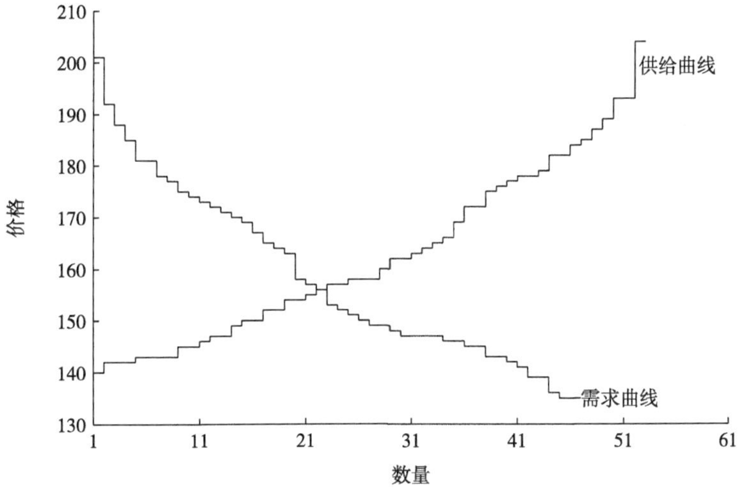

图 5-3　加入交易成本后的市场供求曲线

基于完全竞争市场理论，加入交易成本后水权交易市场的理论均衡成交量调整为 21 或 22[①]，均衡成交价格调整为 156，即考虑交易成本因素后，水权交

① 最后一笔交易之时，卖方保留成本与买方保留价格相等，是否交易不会影响各自剩余与市场剩余，即“可有可无，全凭意愿”，故此处均衡数量为两个值。

易市场的竞争均衡成交量相比无交易成本时有所下降，均衡成交价格上升，理论社会最大总剩余下降，说明水权交易中的交易成本对水权市场运行效果存在一定影响。

5.2.2 实验设置

本组实验中经济用水取水权的初始分配仍采用竞争分配方式，对考虑交易成本因素后不同交易制度下水权市场运行情况进行比较，以探索交易成本对水权市场效率的影响，同时分析交易成本在不同交易制度下对水权市场运行影响程度是否存在异同。分别将基于分散交易、双向拍卖和明码标价三种交易制度的实验局命名为E4、E5和E6，相关实验设置如表5-7所示。

表5-7　组二实验局参数设置

组别	实验局	交易制度	交易成本	许可证初始分配
组二	E4	分散交易	有	竞争
	E5	双向拍卖	有	竞争
	E6	明码标价	有	竞争

考虑交易成本因素后，社会最优交易量由无交易成本时的 26 降为 21 或 27 降为 22[①]。与组一实验设置中设定的许可证数量相对应，在接下来的实验中选择发放22个许可证。本组实验仍是在经济用水取水许可证竞争初始分配的前提下进行，表5-8为存在交易成本时经济用水取水许可证的竞争初始分配设计。

表5-8　水权许可证的竞争初始分配设计（组二）

组别	S1	S2	S3	S4	S5	S6
组二	4	5	3	3	3	4

在存在交易成本的水权市场中，22个取水许可证在6个卖家间进行较为平均的初始配置，其中，S3、S4和S5分别获得3个初始许可证，S2获得5个取水许可证，剩余8个取水许可证在S1和S6之间平均分配，基本形成竞争市场。

① 组一在26与27中选择27，即默认进行了最后一笔“可有可无”的交易，因此此处21与22中选择22，同样设定进行最后一次交易。变成22的原因是：交易成本的存在使买方保留价格和买方保留成本上涨，从而改变了理论市场均衡成交量。

5.2.3　实验结果与分析

1. 价格行为分析

图 5-4 说明的是组二中 E4、E5、E6 实验局的合约价格序列，显示了引入交易成本因素后不同交易制度下的水权市场价格走势。

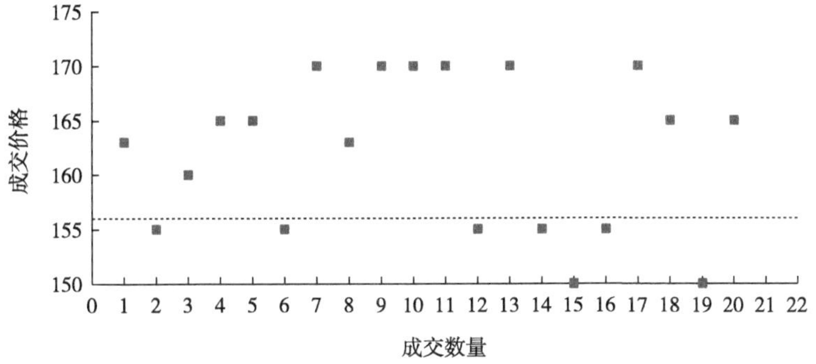

（a）E4

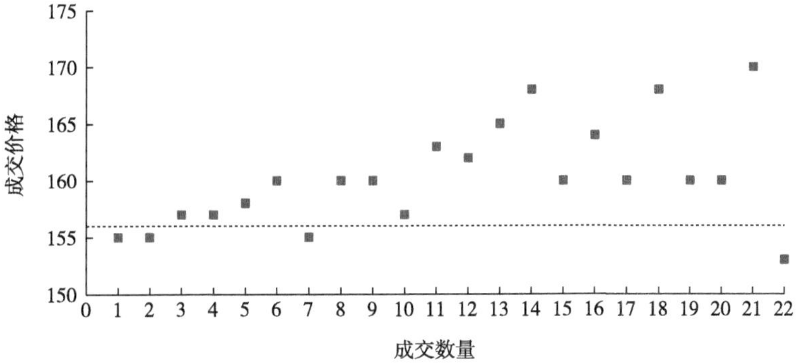

（b）E5

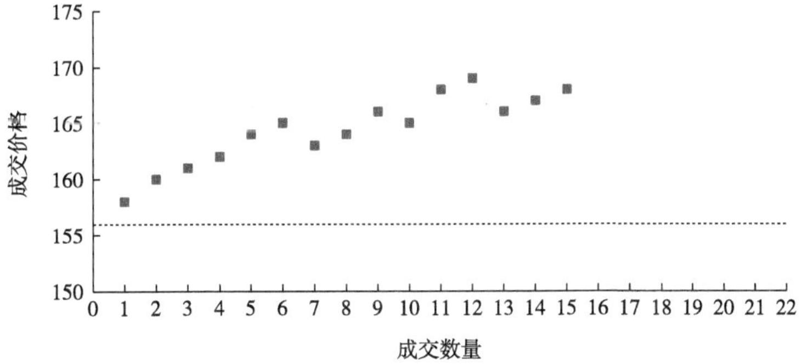

（c）E6

图 5-4　组二实验局合约价格序列

图 5-4 显示，考虑交易成本因素且水权许可证竞争初始分配时，较之实验组一，分散交易、双向拍卖制度下的水权交易价格行为发生了变化，其中分散交易制度下的水权交易价格有较大波动，呈现明显的不规则分布，部分水权交易价格低于均衡成交价格，另有部分水权交易价格相对均衡成交价格来说有较大的正向偏离；双向拍卖制度下的水权交易价格整体呈现向上趋势，大部分都在均衡成交价格之上，但并没有过多偏离。而在明码标价制度下，水权交易价格的整体走势类似于实验组一，仍表现出阶段式上升的趋势。

与实验组一的结果（图 5-2）相比可发现，实验组二各交易制度下的均衡成交价格和合约价格序列相对于组一各交易制度下的均衡成交价格和合约价格序列而言整体有所上升，且组二各交易制度下合约价格序列对均衡成交价格的偏离程度更低。这说明当初始水权为竞争分配时，与水权市场无交易成本的假设之下所得实验结果相比，有交易成本的水权市场实际成交价格更接近于竞争市场的理论均衡价格。

2. 市场剩余分析

表 5-9 为实验组二中 E4、E5、E6 实验局的市场剩余分布。

表 5-9 组二实验局市场剩余分布

实验局	S1	S2	S3	S4	S5	S6	B1	B2	B3	B4	B5	B6	π_S	π_B	N	M
E4	63	47	56	34	31	20	61	75	60	62	5	2	251	265	0.95	0.3352
E5	58	64	33	33	26	29	85	82	63	64	1	0	244	295	0.83	0.2936
E6	77	76	31	35	29	22	53	73	56	45	1	0	270	229	1.18	0.4413

由表 5-9 可以看出，在考虑交易成本且水权许可证为竞争初始分配时，市场上 12 名交易者的个人剩余分布仍然不均衡，S1、S2、B1、B2 获得的个人剩余较多；B5、B6 获得的个人剩余极少，尤其是在双向拍卖和明码标价制度下 B6 难以获得个人剩余。在组二各实验局中，E6 实验局即明码标价制度下的买卖双方剩余比例超过 1.0 且市场垄断效率最高，说明在该制度下卖方在水权市场上占据主导地位，有着较强的控价能力；而在 E5 实验局即双向拍卖制度下，买卖双方剩余比例低于 1.0，且市场垄断效率最低，说明双向拍卖制度能赋予买方更多主动权，有利于均衡水权市场中交易双方的势力，并形成公平合理的市场氛围。

通过比较表 5-9 与表 5-4 的结果，可以发现当水权许可证为竞争初始分配时，相对于不考虑交易成本时的情况，考虑交易成本因素后各交易制度下水权市场中 12 名交易者的个人剩余分布的不均衡性趋于减弱；买卖双方剩余比例和市场垄断效率均明显下降，前者正向或负向略偏离 1.0，后者则向零值趋近，这说明在有交易成本的水权市场上交易双方基于交易行为而获得的剩余分布更为均衡，市场公平程度有所提高。

3. 统计指标分析

表 5-10 给出了实验组二中 E4、E5、E6 实验局的相关统计指标。

表 5-10　组二实验局相关统计指标

组别	实验局	实验结果（Q，P，π）	市场效率/%	平均价格偏离	平均数量偏离
组二	E4	(20.0，161.5，516)	89.43	5.909	−0.091
	E5	(21.3，160.2，539)	93.36	4.803	−0.030
	E6	(17.3，163.6，498)	86.37	6.227	−0.212

由表 5-10 可见，在水权市场存在交易成本且水权许可证竞争初始分配时，总体上 E4、E5、E6 实验局具有类似于组一实验局实验结果和统计指标值的特性。对比来看，依然是双向拍卖制度下的成交价格、成交数量和市场剩余最接近于理论均衡值，且市场效率最高。各实验局水权交易成交数量与成交价格之间的反向关系依然成立，如明码标价制度下成交数量最少，但其成交价格最高。在平均价格偏离值、平均数量偏离值和市场效率之间，随着交易制度改变，各实验局“平均价格偏离值和平均数量偏离绝对值同向变化，市场效率反向变化”的规律依然成立，尤其是在明码标价制度下的水权市场，依然存在以牺牲成交量和市场效率达成高成交价格的情形。

为考察交易成本对水权市场运行效率的影响，将表 5-10 中 E4、E5、E6 实验局的实验结果和统计指标分别与表 5-5 组一中 E1、E2、E3 实验局进行两两对比，发现在分散交易、明码标价和双向拍卖任一交易制度下，水权市场效率均有不同程度的下降，但总体变化差异不大，其中双向拍卖制度下的市场效率与不考虑交易成本时基本持平，为 93.36%，仅下降 1.07%。考虑交易成本因素之后，各实验局平均价格偏离值有明显下降，降幅均在 30%以上，说明相较于水权市场无交易成本的假设，若初始水权竞争分配，有交易成本的水权市场实际成交价格更接近于竞争市场的理论均衡价格。同时，各实验局的水权交易平均数量偏离值均有波动，整体而言，在三类交易制度下，水权成交数量在减少的情况下都表现为向竞争均衡数量靠近，尤以双向拍卖制度最为明显。以上分析表明，从市场效率、平均数量偏离指标来看，在明码标价制度下，交易成本对水权市场运行的影响相较于其他交易制度表现得更为明显。

为了探索交易成本、交易制度在作用于水权市场运行时是否存在相互制约或促进的关系，将 E4、E5、E6 实验局各经济指标之间的差异与 E1、E2、E3 实验局各经济指标之间的差异做比较，发现在考虑交易成本因素后，各交易制度下的水权交易在成交价格、成交数量和市场效率三个指标上的表现与无交易成本时呈现类似特征，即双向拍卖交易制度下的成交数量最多、成交价格最接近于理论均衡成交价，且市场效率领先，而明码标价制度下的市场表现依然最不理想。

5.3 考虑市场势力因素时水权交易市场运行效果的变化

我国水权许可证初始分配中存在的不合理性容易滋生市场势力，从而造成水资源的错配和社会福利的损失。本节通过改变水权许可证初始分配方式来区分存在交易成本的水权交易市场中有市场势力、无市场势力的情况，基于实验室中水权交易活动的模拟所获得的实验数据，对比分析不同交易制度下，考虑市场势力因素时水权交易市场运行状况的变化。

5.3.1 实验设置

结合水权市场发展的实际情况，实验组三仍然考虑交易成本因素，进一步考察当水权初始配置中存在市场势力时，水权市场运行效率在三种不同交易制度下的变化情况。具体实验设置情况见表 5-11。

表 5-11　组三实验局参数设置

组别	实验局	交易制度	交易成本	许可证初始分配
组三	E7	分散交易	有	垄断
	E8	双向拍卖	有	垄断
	E9	明码标价	有	垄断

本组实验仍然是在水权市场存在交易成本的前提下进行的，因此买卖双方的保留价格（成本）信息依旧采用表 5-6 所示数据。本组实验设计中共发放 22 个许可证，且在卖家中进行垄断初始分配设计。表 5-12 为实验组三的取水许可证初始分配。

表 5-12　水权许可证的垄断初始分配设计（组三）

组别	S1	S2	S3	S4	S5	S6
组三	0	10	2	8	2	0

在水权许可证垄断初始分配的实验设置中，由表 5-12 可知，S1 和 S6 均未取得水权许可证，S2 和 S4 分别获得了 10 个和 8 个许可证，剩余 4 个许可证在 S3 和 S5 之间平均分配。可见，S2 和 S4 在水权初始分配中获得了垄断地位。交易者在水权初始分配中垄断地位的获得，意味着其在水权交易市场将具备一定的市场势力。

5.3.2　实验结果与分析

1. 价格行为分析

图 5-5 为实验组三中 E7、E8、E9 实验局的合约价格序列，显示了引入市场势力因素之后的水权市场价格走势。由图 5-5 可见，考虑交易成本且水权许可证垄断初始分配时，随着水权交易的进行，从交易制度角度而言，组三各实验局的合约价格序列呈现与 E4 ~ E6 实验局相似的特征，但在程度上发生了变化。该结果在一定程度上说明交易制度对水权价格行为有着重要影响。

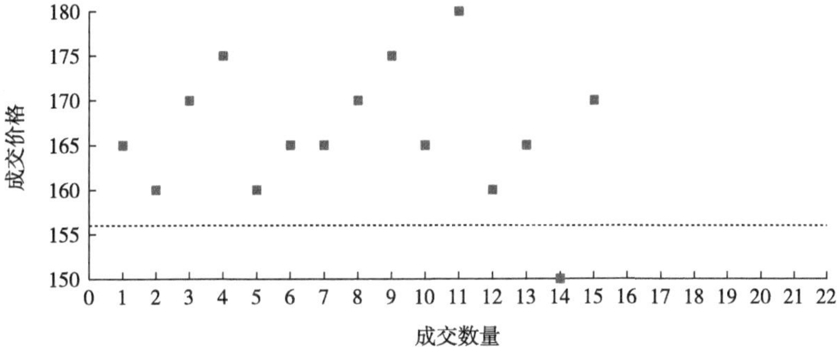

(a) E7

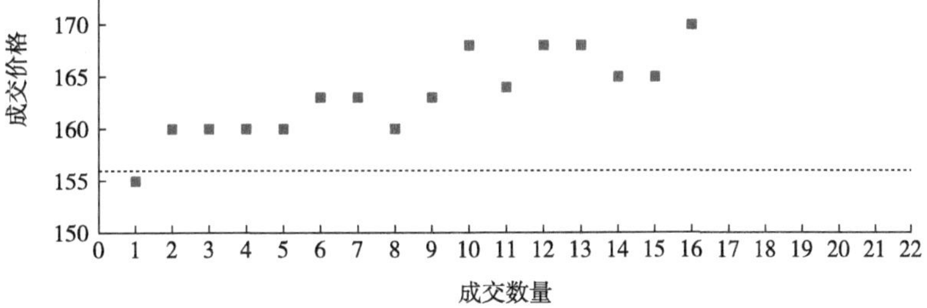

(b) E8

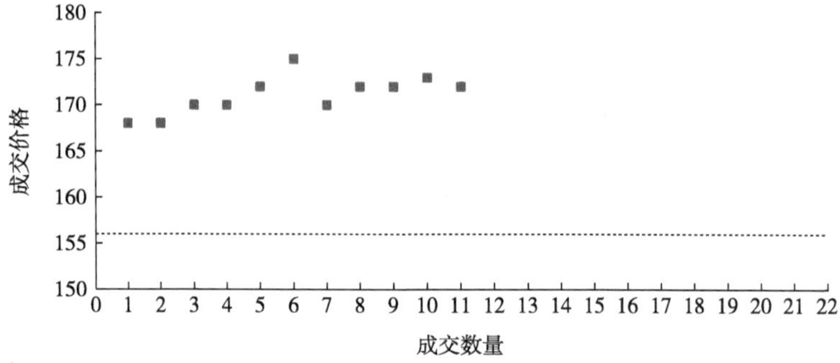

（c）E9

图 5-5　组三实验局合约价格序列

对比图 5-5 与图 5-4 可以发现，相对于实验组二，引入市场势力因素之后，随着实验的进行，各交易制度下水权市场交易价格均有明显上升，与均衡成交价格的偏离程度明显加剧，相对而言双向拍卖制度下的水权交易价格变化幅度最小。这说明市场势力加剧了水权交易价格对理论均衡值的偏离，较之分散交易制度和明码标价制度，双向拍卖制度能较好地抑制市场势力对水权成交价格的负面影响。

2. 市场剩余分析

表 5-13 为实验组三中 E7、E8、E9 实验局的市场剩余分布。

表 5-13　组三实验局市场剩余分布

实验局	S1	S2	S3	S4	S5	S6	B1	B2	B3	B4	B5	B6	π_S	π_B	N	M
E7	0	103	42	67	34	0	46	51	32	30	0	0	245	159	1.54	0.3030
E8	0	98	32	52	21	0	72	65	67	37	0	0	204	241	0.85	0.0663
E9	0	128	44	60	29	0	42	45	28	26	0	0	261	141	1.85	0.3939

由表 5-13 可见，考虑交易成本且水权许可证垄断初始分配时，市场上 12 名交易者的个人剩余分布极为不均衡，S1、S6、B5、B6 在各交易制度下均难以获得个人剩余，S2、S4 则获得了大部分市场剩余，且相对于分散交易和明码标价制度，双向拍卖制度下的个人剩余分布相对均衡。在组三各实验局中，E8 实验局即双向拍卖制度下买卖双方剩余比例小于 1.0，且市场垄断效率接近于 0。显然，较之分散交易和明码标价制度，即使在市场势力因素影响之下，双向拍卖制度依然起到了对卖方市场势力较好的抑制作用，从而限制了卖方超额利润的获取，并在一定程度上维护了市场中的买方力量。

比较表 5-13 与表 5-9 可知，在存在交易成本的前提下，当水权许可证初始分配方式由竞争转变为垄断时，市场上 12 名交易者的个人剩余分布的不均衡性加剧，占据垄断地位的卖家获得了市场上绝大部分的剩余，其余交易者的个人剩余随之减少。同时，在明码标价制度、分散交易制度下，买卖双方剩余不均衡性加剧，市场垄断效率略有下降；而在双向拍卖制度下，买卖双方剩余比例几乎没有变化，且市场垄断效率显著降低。我们认为，各交易制度下市场垄断效率均降低的原因可能是市场势力导致了水权交易数量的减少，从而降低了卖方获得的实际总剩余；而双向拍卖制度下市场垄断效率的降幅明显大于另两种制度下市场垄断效率的降幅则是由于该制度具有抑制卖方垄断能力的优势。

3. 统计指标分析

表 5-14 给出了实验组三中 E7、E8、E9 实验局的相关统计指标。

表 5-14　组三实验局相关统计指标

组别	实验局	实验结果（Q，P，π）	市场效率/%	平均价格偏离	平均数量偏离
组三	E7	(14.7，167.1，404)	70.08	7.546	−0.333
	E8	(16.0，163.4，444)	76.95	5.394	−0.242
	E9	(12.7，169.3，402)	69.73	7.667	−0.379

由表 5-14 可见，在水权市场存在交易成本且水权许可证垄断初始分配时，总体而言，E7、E8、E9 实验局的实验结果较之实验组二实验局具有类似特征，但存在程度上的区别，尤其是成交价格、成交数量与理论均衡值偏离程度加剧，社会剩余进一步下降。从各实验局的市场效率指标来看，从高到低依次为基于双向拍卖、分散交易、明码标价制度的水权交易市场。从水权成交数量和成交价格的关系看，依然保持负向关系，如双向拍卖制度下水权成交价格最低，但形成了最多的成交数量。从平均价格偏离、平均数量偏离指标值看，双向拍卖制度下的水权市场表现相对较优，分散交易和明码标价制度下的指标值则较为接近。着眼于平均价格偏离值、平均数量偏离绝对值与市场效率三者之间的关系，交易制度改变之后，各实验局“平均价格偏离值和平均数量偏离绝对值同向变化，市场效率反向变化”的规律依然成立。同时，在明码标价制度下的水权市场，以牺牲成交数量和市场效率达到高成交价格的情形依然存在并且更为严重。值得注意的是，考虑市场势力因素后，实验中分散交易实验局交易时间结束时，买卖双方不再有继续交易的意愿。

为进一步探究水权垄断初始分配形成的市场势力对水权市场运行的影响，将

表 5-14 中 E7、E8、E9 实验局的结果分别与表 5-10 中 E4、E5、E6 实验局进行对比，发现各交易制度下水权市场成交价格均有不同程度的上升，成交数量和市场效率则显著降低。具体而言，基于初始水权垄断分配这一前提，从成交价格来看，分散交易制度和明码标价制度下的水权交易价格均明显上升，而双向拍卖交易制度下的水权成交价格上升幅度较小，这说明双向拍卖制度能够有效抑制拥有市场势力的垄断者提高水权市场成交价格的能力，从而使得水权市场产生更为竞争的成交价格。从成交数量来看，在市场势力的影响下，各交易制度下水权交易数量均急剧减少。这使得平均数量偏离绝对值均表现为显著增大，说明市场势力加剧了水权市场实际成交数量对理论均衡数量的偏离程度。从市场效率来看，市场势力使得三种交易制度下的水权市场效率均显著下降，其中双向拍卖制度下的水权市场效率下降幅度相比于分散交易和明码标价制度要小，说明双向拍卖制度在有效控制市场势力对水权交易价格影响的同时，也在一定程度上保证了市场效率。

为考察市场势力、交易制度对水权市场运行的交互作用，通过比较 E7、E8、E9 实验局各经济指标差异与 E4、E5、E6 实验局所得结果的差异，发现在考虑市场势力因素后，双向拍卖制度下的水权市场效率仍保持最高。同时，市场势力使得各交易制度下的水权市场成交量更加负向偏离于理论均衡成交量、成交价格更加正向偏离于理论均衡成交价格，其中分散交易制度和明码标价制度下水权交易价格、成交数量偏离程度相对于双向拍卖制度要高得多。从市场表现而言，在分散交易和明码标价制度下，市场势力对水权市场的负向影响相较于双向拍卖制度表现得更为明显。可见，双向拍卖制度可以有效缓解由于市场势力的存在所带来的水权市场成交价格抬高、成交数量减少的压力，以及抑制其对市场效率的负面影响。

5.4 允许跨期存储条件下水权交易市场运行效果的变化

“跨期存储”的概念最先起源于碳权市场，现有研究发现跨期存储总体上有利于提高碳权市场效率。那么，如果在水权市场类比引入跨期存储机制，是否能进一步提高在时间跨度上的水权配置效率呢？本节在允许跨期存储条件下，综合考虑交易成本因素、市场势力因素，开展不同组合下的水权交易实验，通过实验数据分析，进一步探讨各交易制度下水权交易市场运行效果的变化。

5.4.1　实验设置

本组实验是在交易成本存在、经济用水取水权分别为竞争初始分配和垄断初始分配两种情况下，比较允许跨期存储前后各交易制度下水权市场运行效率的变化，以及跨期水权市场一期与二期运行情况差异，并探讨跨期存储机制对水权市场效率的影响。具体实验设置情况见表 5-15。

表 5-15　组四、组五实验局参数设置

组别	实验局	交易制度	交易成本	许可证初始分配	跨期存储机制
组四	E10-1	分散交易	有	竞争	有
	E10-2	分散交易	有	竞争	有
	E11-1	双向拍卖	有	竞争	有
	E11-2	双向拍卖	有	竞争	有
	E12-1	明码标价	有	竞争	有
	E12-2	明码标价	有	竞争	有
组五	E13-1	分散交易	有	垄断	有
	E13-2	分散交易	有	垄断	有
	E14-1	双向拍卖	有	垄断	有
	E14-2	双向拍卖	有	垄断	有
	E15-1	明码标价	有	垄断	有
	E15-2	明码标价	有	垄断	有

本组实验仍然是在水权市场存在交易成本的前提下进行，因此买卖双方的保留价格（成本）信息依旧采用表 5-6 所示的数据。为使得实验结果具有可比性，组四、组五实验设计中依然分别发放 22 个许可证。其中，组四实验中水权许可证采取竞争初始分配方式，组五实验中则调整为垄断初始分配方式。表 5-16 为组四、组五的水权许可证的初始分配设计。实验组四、组五的水权许可证初始分配设计分别同于组二、组三，各自代表不存在市场势力的跨期水权市场和存在市场势力的跨期水权市场。

表 5-16　水权许可证的初始分配设计（组四、组五）

组别	分配方式	S1	S2	S3	S4	S5	S6
组四	竞争初始分配	4	5	3	3	3	4
组五	垄断初始分配	0	10	2	8	2	0

5.4.2　实验结果与分析

1. 价格行为分析

1）基于实验组四

图 5-6 为实验组四中 E10-1、E10-2、E11-1、E11-2、E12-1、E12-2 实验局的合约价格序列，显示了在不存在市场势力的水权市场引入跨期存储机制后，各交易制度下的一、二期水权价格走势。由图 5-6 可知，在存在交易成本、许可证初始分配为竞争方式的前提下，引入跨期存储机制后，一、二期水权市场中各交易制度下成交价格整体走势与组二实验局大致一致，但双向拍卖制度下交易价格没有呈现向上的走势，整体上处于平稳状态。

对比图 5-6 与图 5-4，可以发现与组二实验局的结果相比，允许跨期存储后各交易制度下水权市场价格走势变化不大，成交价格差异并不明显，但二期水权市场中成交价格波动明显变小，形成了收敛性更好的合约价格序列。这说明在存在交易成本、不存在市场势力的情况下，跨期存储机制的引入能在远期促进水权成交价格更加接近理论均衡值。

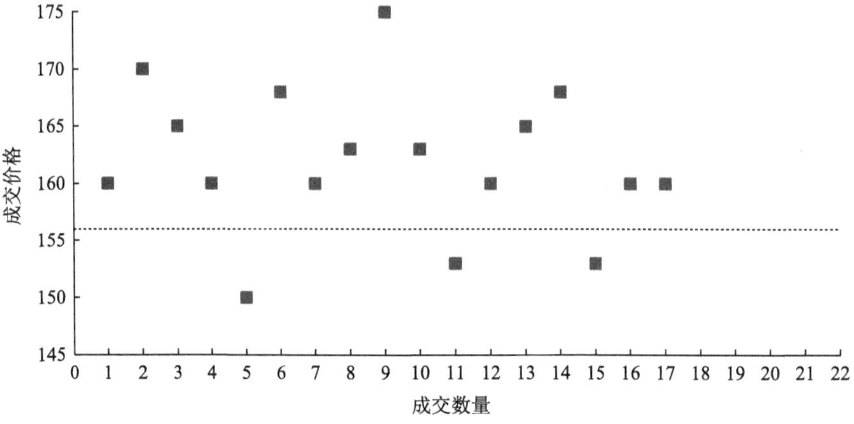

（a）E10-1

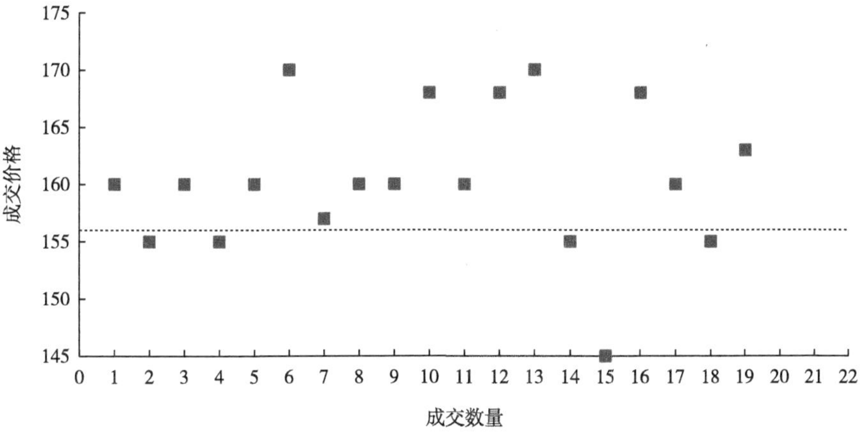

（b）E10-2

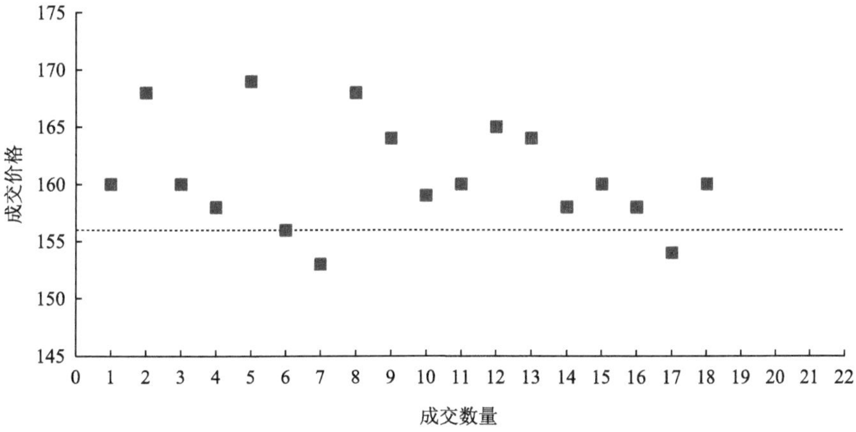

（c）E11-1

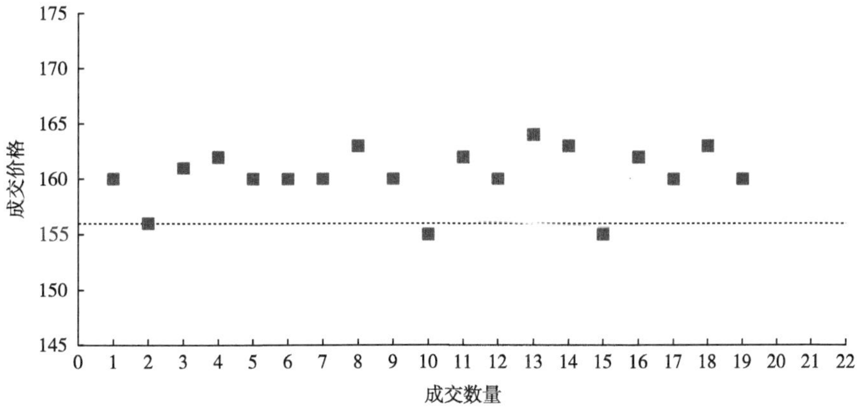

（d）E11-2

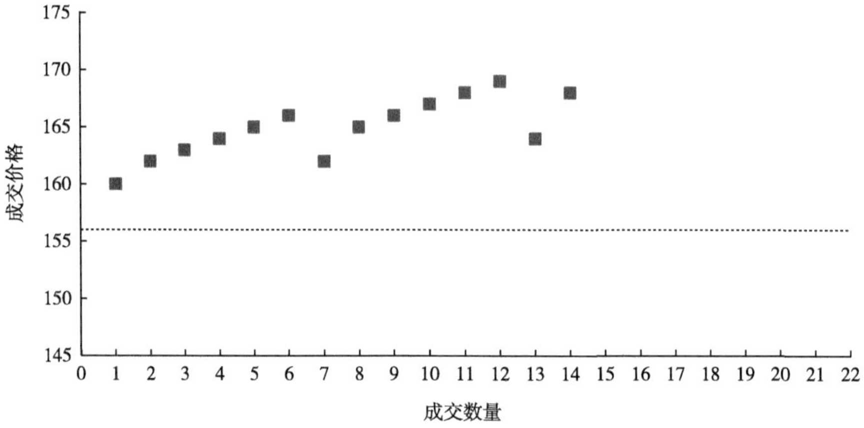

（e）E12-1

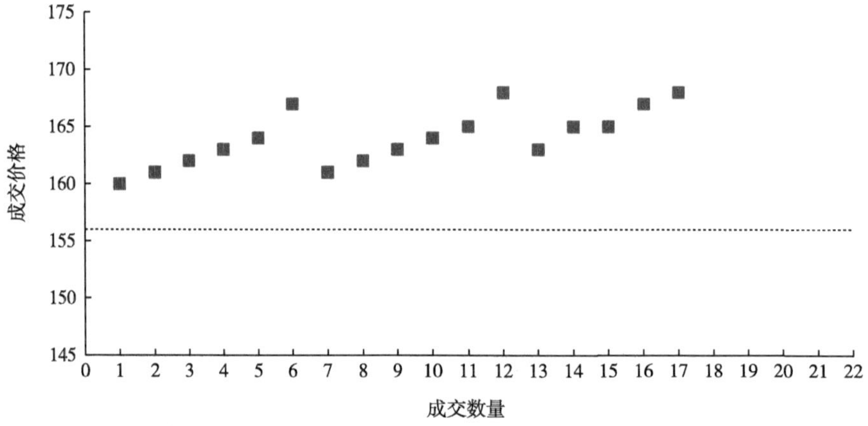

（f）E12-2

图 5-6　组四实验局合约价格序列

2）基于实验组五

图 5-7 是实验组五中 E13-1、E13-2、E14-1、E14-2、E15-1、E15-2 实验局的合约价格序列，显示了同时引入市场势力因素和跨期存储机制后，三种交易制度下一、二期水权市场价格的走势。由图 5-7 可知，在考虑交易成本、许可证初始分配为垄断方式时，允许跨期存储后，一、二期水权市场中各交易制度下的合约价格序列总体上类似于实验组二的结果，这进一步说明交易制度之于水权交易价格行为的重要影响。

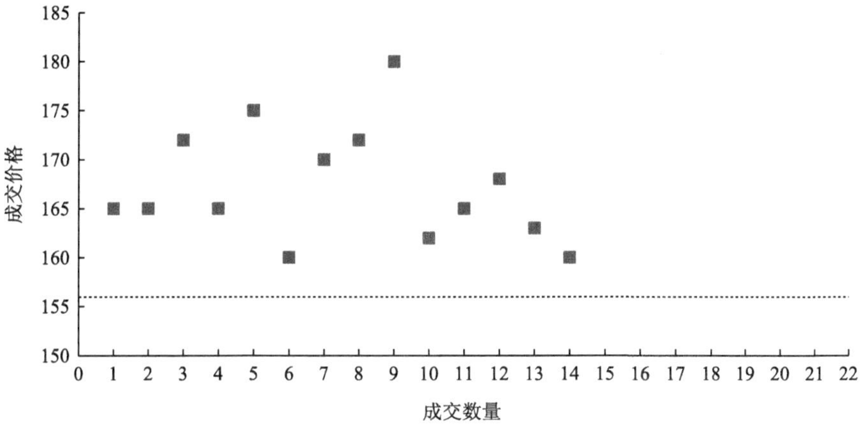

（a）E13-1

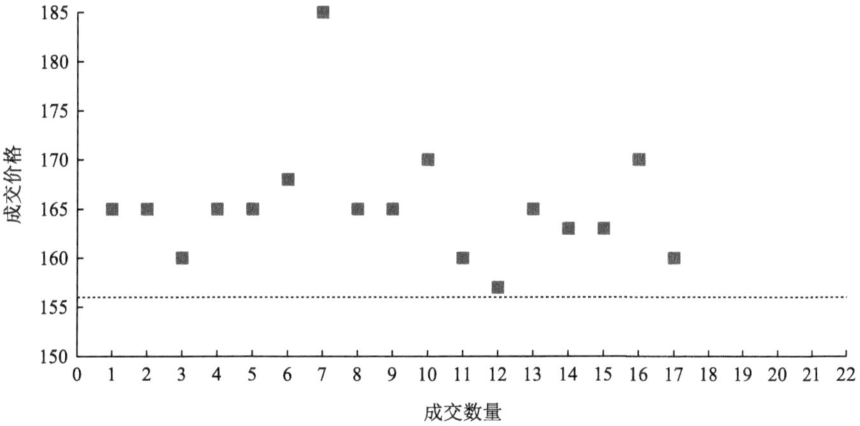

（b）E13-2

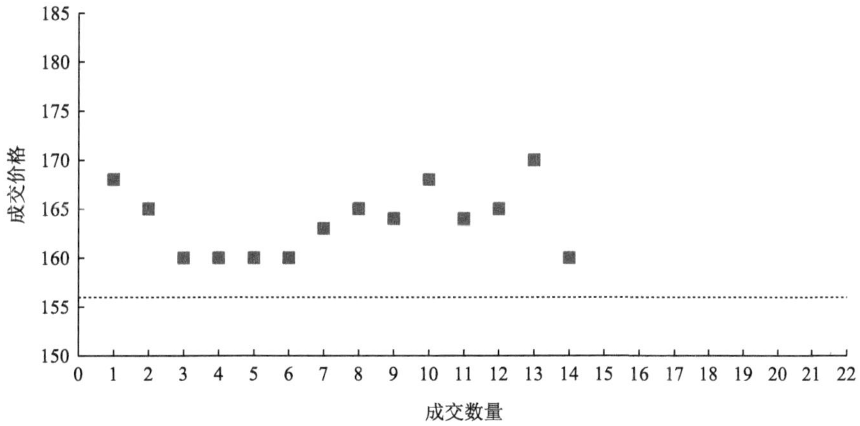

（c）E14-1

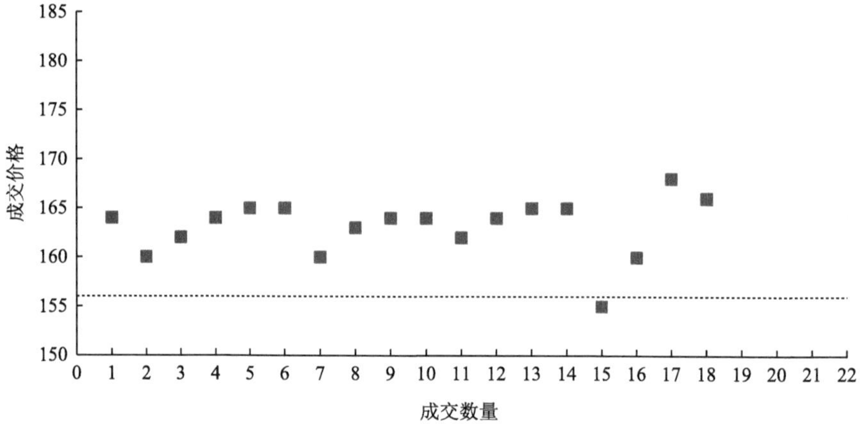

（d）E14-2

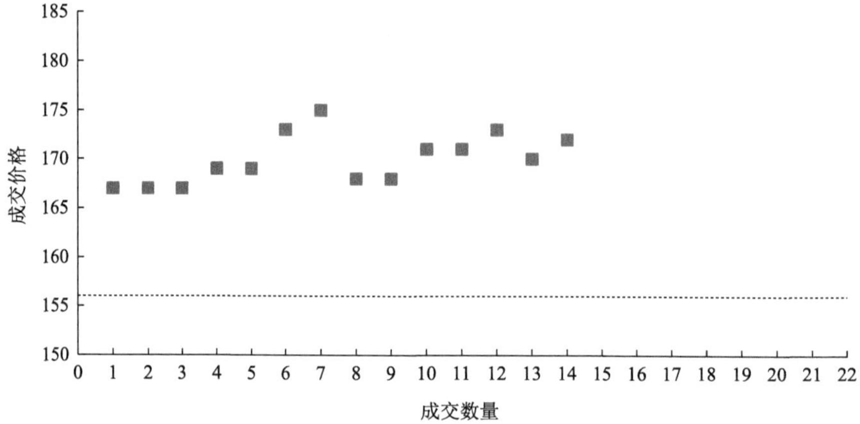

（e）E15-1

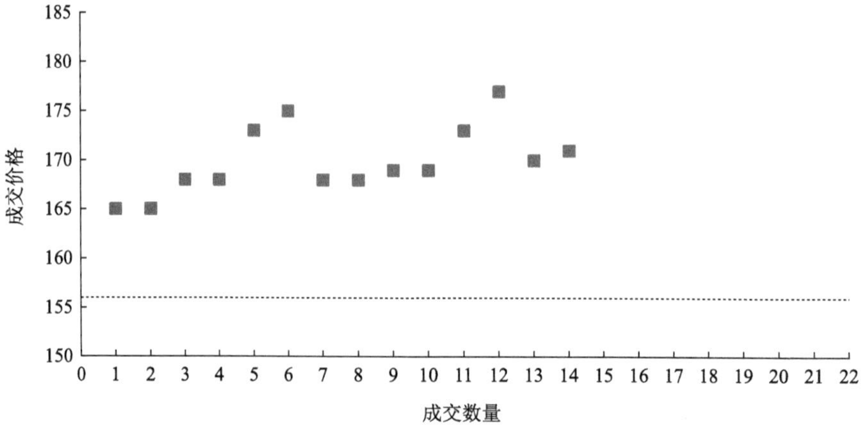

（f）E15-2

图 5-7　组五实验局合约价格序列

将图 5-7 与图 5-5 进行对比可以发现，较之单独考虑市场势力因素的水权市场价格行为实验结果，引入跨期存储机制后，一期水权市场成交价格走势的变动不明显，但二期市场拥有更低且更接近理论均衡值的成交价格。总体而言，允许跨期存储后各交易制度下的水权合约价格趋于下降。

3）实验组四、组五间的比较

将图 5-7 与图 5-6 进行对比，较之仅考虑跨期存储机制时的水权交易价格行为实验结果，引入市场势力因素后整体上抬升了各交易制度下的水权合约价格，并且在明码标价制度下尤为明显。上述结果说明市场势力仍然对跨期水权市场产生负面影响，使成交价格更加偏离均衡值，但长期来看跨期存储机制的引入能够有效抑制市场垄断者对水权市场成交价格的操控。图 5-7 与图 5-6、图 5-5 与图 5-4 的对比结果存在一些差异，即允许跨期存储后市场势力引致的水权合约价格序列的变化程度不及之前剧烈，尤其是在二期市场，这说明跨期存储机制的引入确实能在一定程度上抗衡市场势力对水权市场运行造成的不良影响。

进一步将图 5-7 与图 5-6 的（a）、（c）、（e），以及（b）、（d）、（f）进行两两比较，发现从水权交易价格行为来看，跨期存储机制对市场势力的削弱作用主要体现在远期市场，而在当期市场并不明显。

2. 市场剩余分析

1）基于实验组四

表 5-17 为实验组四中 E10-1、E10-2、E11-1、E11-2、E12-1、E12-2 实验局的市场剩余分布。

表 5-17　组四实验局市场剩余分布

实验局	S1	S2	S3	S4	S5	S6	B1	B2	B3	B4	B5	B6	π_S	π_B	N	M
E10-1	71	65	39	28	26	28	62	76	45	62	7	0	257	252	1.02	0.3712
E10-2	46	83	57	22	22	25	67	79	76	50	2	0	255	274	0.93	0.3598
E11-1	65	72	40	32	24	24	75	84	69	56	0	0	256	284	0.90	0.3636
E11-2	67	68	42	29	23	18	82	89	76	54	0	0	247	302	0.82	0.3144
E12-1	74	72	51	39	30	32	63	60	36	41	0	0	299	200	1.49	0.6061
E12-2	72	63	57	43	24	17	54	70	68	42	0	0	276	234	1.18	0.4792

由表 5-17 可见，在存在交易成本但不存在市场势力的前提下，引入跨期存储机制后水权市场 12 名交易者的个人剩余分布呈现不均衡的特征，B6 在各交易制度下都难以获得个人剩余，B5 仅在分散交易制度下才能获得极少数个人剩余，

大部分市场剩余被 S1、S2、B1、B2、B3 获得。从各交易制度下买卖双方剩余比例、市场垄断效率的测算结果来看，以双向拍卖、分散交易制度下的市场表现为优，尤其是买卖双方剩余比例均在 1.0 附近。同时，各实验局二期市场表现总体上优于一期，上述两个指标值均趋于降低。这一结果说明双向拍卖与分散交易制度下水权交易市场环境更为公平，且跨期存储机制的引入有利于抑制卖方的市场势力。

较之仅考虑交易成本的实验结果（表 5-9），引入跨期存储机制后，组四各实验局一期市场个人剩余分布和买卖双方剩余分布不均衡性略有增加，而二期市场剩余分布不均衡性则趋于减弱。这可能得益于跨期存储机制的引入使得交易者可以根据一期市场表现调整报价策略，从而优化剩余分布，说明从长期来看跨期存储机制的引入有利于实现水权的合理配置。同时，组四各实验局一、二期市场的市场垄断效率均高于组二，说明跨期水权市场中卖方取得了更多的超额利润。

2）基于实验组五

表 5-18 为实验组五中 E13-1、E13-2、E14-1、E14-2、E15-1、E15-2 实验局的市场剩余分布。

表 5-18　组五实验局市场剩余分布

实验局	S1	S2	S3	S4	S5	S6	B1	B2	B3	B4	B5	B6	π_S	π_B	N	M
E13-1	0	98	35	72	32	0	36	57	44	36	0	0	237	173	1.37	0.2538
E13-2	0	110	36	51	27	0	71	67	50	39	0	0	225	227	0.99	0.1875
E14-1	0	97	36	49	19	0	70	65	48	42	0	0	201	224	0.89	0.0492
E14-2	0	98	31	48	19	0	67	83	73	47	0	0	196	270	0.72	0.0208
E15-1	0	118	35	69	21	0	39	50	36	18	0	0	243	142	1.71	0.2898
E15-2	0	133	59	55	0	0	36	65	38	27	0	0	247	166	1.49	0.3125

由表 5-18 可见，在有交易成本和市场势力的水权市场中，允许跨期存储水权后 12 名交易者的个人剩余分布非常不均衡，各交易制度下具有垄断地位的 S2 和 S4 获得了大量个人剩余，而 S1、S6、B5、B6 并没有获得个人剩余。从买卖双方剩余比例和市场垄断效率两个指标值来看，各交易制度下水权市场买卖双方剩余分布和市场垄断程度存在异质性，从低到高依次对应的是双向拍卖、分散交易、明码标价制度，且二期市场表现普遍优于一期。总体而言，从交易制度抑或跨期市场角度，组五实验局的市场剩余分布与组三、组四具有类似特征，但在程度上有差异。

同时考虑市场势力因素和跨期存储机制的水权市场中，从交易双方剩余分布结果来看，较之仅考虑市场势力的实验组三，各交易制度下买卖双方剩余比例和市场垄断效率均趋于下降。这一结果说明，在存在市场势力的水权市场中，引入跨期存储机制有利于促进水权市场的公平交易。

3）实验组四、组五间的比较

将组五所得实验结果与实验组四（表 5-17）进行比较，发现在允许跨期存储的情况下，市场势力的存在仍然导致了个人剩余分布不均衡性的加剧，获得垄断地位的卖家能够得到多数市场剩余。从交易制度角度来看，双向拍卖制度下买卖双方剩余比例略有下降，另两种制度下则有所上升，且各交易制度下的市场垄断效率均出现下降。

表 5-18 与表 5-17、表 5-13 与表 5-9 的对比结果大致一致，但存在程度上的差异。在引入跨期存储机制后的水权市场中，市场势力引致的个人剩余分布和买卖双方剩余分布不均衡性有所增强但都不及不跨期市场。尤其是在二期市场，市场剩余分布受市场势力的影响极其有限，这体现出跨期存储机制在对抗市场势力对水权市场运行的负向影响时具有明显成效。

将实验组四、组五跨期水权市场（表 5-17、表 5-18）的一、二期市场进行对比，发现引入跨期存储因素后，各交易制度下二期市场买卖双方剩余比例较之一期市场有所降低，说明从长期来看跨期存储机制对水权市场买方更为有利。值得注意的是，跨期存储机制引入后，总体上各交易制度下二期市场的市场垄断效率低于一期市场，但存在市场势力时明码标价制度下的二期市场垄断效率反而高于一期市场，这实际上也反映出明码标价制度在对抗市场势力时的弊端。

3. 统计指标分析

1）基于实验组四

表 5-19 列示了实验组四中 E10-1、E10-2、E11-1、E11-2、E12-1、E12-2 实验局的相关统计指标。

表 5-19 组四实验局相关统计指标

组别	实验局	实验结果（Q，P，π）	市场效率/%	总市场效率/%	平均价格偏离	平均数量偏离
组四	E10-1	(18.3，162.0，510)	88.33	90.06	6.576	−0.167
	E10-2	(19.0，160.9，530)	91.80		5.758	−0.136
	E11-1	(18.3，160.8，540)	93.65	94.40	4.712	−0.167
	E11-2	(19.7，160.1，549)	95.15		4.152	−0.106
	E12-1	(16.7，165.4，499)	86.42	87.46	7.000	−0.242
	E12-2	(17.0，163.2，511)	88.50		5.576	−0.227

由表 5-19 可见，在水权市场存在交易成本、水权许可证为竞争初始分配的前提下，引入跨期存储机制后 E10、E11、E12 实验局依然存在社会福利损失，基于交易制度角度来观察实验结果和统计指标值，与前文各组实验局具有相似特征，在此不再赘述。进一步比较组四各实验局的一、二期市场，即 E10-2 与 E10-1、E11-2 与 E11-1、E12-2 与 E12-1，发现从市场效率、交易价格、交易数量等指标来看，各交易制度下二期市场的交易结果均优于一期，这说明从远期来看，跨期存储机制的引入有利于提升市场绩效。

在水权市场存在交易成本、无市场势力的前提下，为探究跨期存储机制引入后，交易制度与水权市场效率关系的变化，本书将组四 E10、E11、E12 实验局与组二 E4、E5、E6 实验局的结果（表 5-10）分别进行两两对比，发现引入跨期存储机制后各交易制度下的水权市场总效率均有上升，但幅度不大；各实验局平均价格偏离值略有波动，其中，在分散交易和明码标价制度下，水权交易价格远离均衡价格，而在双向拍卖制度下，水权交易价格向均衡竞争价格靠近。同时，各实验局的平均数量偏离绝对值均有所上升，即水权交易数量在下降的同时远离了均衡数量。上述结果表明，跨期存储机制对水权市场效率有积极影响但并不显著。

2）基于实验组五

表 5-20 列示了实验组五中 E13-1、E13-2、E14-1、E14-2、E15-1、E15-2 实验局的相关统计指标。

表 5-20　组五实验局相关统计指标

组别	实验局	实验结果（Q, P, π）	市场效率/%	总市场效率/%	平均价格偏离	平均数量偏离
组五	E13-1	(14.0，166.3，410)	71.00	74.64	6.530	−0.364
	E13-2	(16.7，164.3，452)	78.28		6.409	−0.242
	E14-1	(14.3，163.3，425)	73.66	77.12	4.803	−0.349
	E14-2	(17.3，162.6，466)	80.59		4.273	−0.197
	E15-1	(12.3，169.2，385)	66.78	69.18	7.439	−0.440
	E15-2	(13.7，168.2，413)	71.58		7.591	−0.379

由表 5-20 可见，在水权市场存在交易成本、水权许可证为垄断初始分配的前提下，引入跨期存储机制后 E13、E14、E15 实验局存在较高的社会福利损失。总体而言，基于交易制度角度，该组实验交易结果和市场表现与前文各组实验局较为相似，在此不再赘述。而从组五各实验局的一、二期市场比较来看，各交易制度下的二期市场运行效率较之一期有显著提升。这说明跨期存储机制能在较大程度上抑制市场势力给市场运行效率带来的负面作用。

为探究存在市场势力的水权市场中跨期存储因素对市场运行的影响，将组五中 E13、E14、E15 实验局的相关指标分别与组三中 E7、E8、E9 实验局（表 5-14）进行两两对比，发现当水权市场存在市场势力时，在不同交易制度下跨期水权市场总效率始终优于不跨期水权市场，这种优势在分散交易制度中最为明显。同时，引入跨期存储因素后，各实验局平均价格偏离值和分散交易制度下的平均数量偏离绝对值均有所下降，双向拍卖制度和明码标价制度下的平均数量偏离绝对值略有上升但不显著。我们在实验中发现，分散交易制度下每轮实验结束时，双方均有继续交易的意愿，如不考虑取水许可数量的限制，分散交易制度下的交易数量甚至有可能超过竞争均衡数量。我们推测，水权许可证的垄断初始分配遏制了买卖双方继续交易的意愿，而跨期水权市场恰恰使之得到满足，因此分散交易制度下的交易数量能进一步接近理论均衡，进而大幅度提升市场效率。

3）实验组四、组五间的比较

为探索跨期水权市场中市场势力因素对市场运行的影响，分别将表 5-20 中 E13、E14、E15 实验局的统计指标与组四实验局（表 5-19）进行两两对比，发现当允许取水许可跨期存储时，水权许可证的垄断初始分配仍然导致了市场效率的降低及平均价格偏离值和平均数量偏离绝对值的上升，其中分散交易制度下的变化幅度最小。除了前文所述原因，我们认为这还可能是由于市场势力对明码标价制度的影响最大，跨期存储机制并不能起到较好的弱化其影响的作用；而双向拍卖制度对市场势力本身就具有很好的抑制作用，因此跨期存储机制对市场势力的作用并不明显。

为了进一步明晰引入跨期存储机制后，一、二期水权市场运行状况的变化，将组四、组五实验局的跨期水权市场分别进行期间比较，发现无论处于何种交易制度下，二期水权市场均拥有比一期更低的交易价格、更大的交易数量和更高的市场效率。我们推测跨期水权市场的价格差异与数量差异可能是由于卖方普遍形成了这样的认知：保留多数低成本产品至二期时交易预计可以获得更为理想的收益，而对于少量高成本产品而言，在二期市场中并无优势，因此若在一期出现合适的价格即可尽早出售。无论是一期市场还是二期市场，双向拍卖均是三种交易制度中市场效率最高的制度，而分散交易制度下的两期市场效率差最大。平均价格偏离值和平均数量偏离绝对值呈现类似的特征，双向拍卖制度下的偏离程度最低，但分散交易制度下一二期偏离程度的变化最为明显。这说明对跨期水权市场而言，双向拍卖依然是相对较优的交易制度选择，但是跨期存储机制对分散交易制度下水权运行效果的提升是最显著的。

表 5-20 和表 5-19 的对比结果与表 5-14 和表 5-10 的对比结果大致接近，但从程度上看存在差异。市场势力虽然都引致了水权成交价格上升、成交数量减少和市场效率降低，但从跨期市场的总市场效率变化幅度及二期市场的水权成交价格、

成交数量和市场效率变化幅度来看，均小于不跨期市场对应指标值的变化。这说明跨期存储机制能在一定程度上弱化市场势力对水权市场运行的不利影响。

5.5 水权市场效率差异的非参数检验

通过比较五组实验的结果，我们发现分散交易、双向拍卖、明码标价三种交易制度下水权市场的运行效果存在一些差异，且引入交易成本、市场势力、跨期存储等因素后不同交易制度下水权市场效率发生了变化。为了进一步明确不同实验局间水权市场效率是否存在显著差异，本节运用 Mann-Whitney 非参数检验法对上述四项因素及其组合作用于水权市场的效率差异进行统计检验。

非参数检验是与总体分布状况无关的一类检验方法，即它不依赖于总体分布的形态，不考虑被研究对象为何种分布及分布类型是否已知。在样本观测值的总体分布类型未知或者知之甚少，不具备参数检验应用条件的情况下，非参数检验具有较高的应用价值。在 Wilcoxon 非参数检验的基础上，Mann 和 Whitney（1947）提出了针对独立非成对样本的总体之间是否存在显著差异的 Mann-Whitney 检验法。Mann-Whitney 非参数检验主要以中位数为测度，原假设 H_0: $X_1=Y_2$，备择假设 H_1: $X_1 \neq Y_2$。其中，X_1 和 Y_2 为两个总体的中位数。基于该检验方法，在有结点时大样本近似的 Z 值修正公式可表示为

$$Z=\frac{W_{xy}-mn/2}{\sqrt{\dfrac{mn(m+n+1)}{12}-\dfrac{mn\left(\sum_{i=1}^{g}\tau_i^3-\sum_{i=1}^{g}\tau_i\right)}{12(m+n)(m+n-1)}}} \tag{5-1}$$

其中，W_{xy} 为样本的秩和；m、n 为样本容量。

本书应用 SPSS 20.0 软件进行 Mann-Whitney 非参数检验，给定显著性水平 0.05，分析各实验局的市场效率是否存在差异。

5.5.1 不同交易制度下水权市场效率差异的显著性检验

对五组实验结果进行组内比较，以考察在考虑交易成本、市场势力、跨期

存储因素前后，不同交易制度下的水权市场效率是否有显著差异。原假设为组一、组二、组三、组四、组五中每对实验局的市场效率保持一致，备择假设为各组实验中前一实验局的市场效率不等于后一实验局的市场效率。检验结果显示（表 5-21），E4 与 E6、E7 与 E9、E10-1 与 E12-1 三对实验局水权市场效率比较的 p 值大于显著性水平 0.05，而其他各实验局比较下的 p 值均通过了 0.05 显著性水平的检验。由此，根据实验结果，无论水权市场是否存在交易成本、市场势力、跨期存储，较之分散交易、明码标价两种制度，双向拍卖制度下的水权市场效率均有显著提高。同时，跨期存储机制的引入改变了分散交易、明码标价制度下水权市场效率差异的程度。在不跨期水权市场中，两者之间的效率差异不显著；而在跨期水权市场中，分散交易制度下的水权市场效率显著高于明码标价制度。

表 5-21　不同交易制度下水权市场效率差异的非参数检验

组别	对比实验局	p 值	接受/拒绝原假设
组一	E1 与 E2	0.002	拒绝
	E1 与 E3	0.026	拒绝
	E2 与 E3	0.002	拒绝
组二	E4 与 E5	0.002	拒绝
	E4 与 E6	0.132	接受
	E5 与 E6	0.002	拒绝
组三	E7 与 E8	0.002	拒绝
	E7 与 E9	0.818	接受
	E8 与 E9	0.002	拒绝
组四	E10 与 E11	0.002	拒绝
	E10-1 与 E11-1	0.002	拒绝
	E10-2 与 E11-2	0.002	拒绝
	E10 与 E12	0.002	拒绝
	E10-1 与 E12-1	0.132	接受
	E10-2 与 E12-2	0.002	拒绝
	E11 与 E12	0.002	拒绝
	E11-1 与 E12-1	0.002	拒绝
	E11-2 与 E12-2	0.002	拒绝

续表

组别	对比实验局	p 值	接受/拒绝原假设
组五	E13 与 E14	0.002	拒绝
	E13-1 与 E14-1	0.002	拒绝
	E13-2 与 E14-2	0.002	拒绝
	E13 与 E15	0.002	拒绝
	E13-1 与 E15-1	0.002	拒绝
	E13-2 与 E15-2	0.002	拒绝
	E14 与 E15	0.002	拒绝
	E14-1 与 E15-1	0.002	拒绝
	E14-2 与 E15-2	0.002	拒绝

5.5.2 交易成本因素对水权市场效率影响的显著性检验

进行组一、组二实验结果的比较，以考察在考虑交易成本因素前后，同一交易制度下的水权市场效率是否有显著差异。检验结果显示（表 5-22），E1 与 E4、E2 与 E5、E3 与 E6 三对实验局水权市场效率比较的 p 值均在 0.05 显著性水平下通过检验。说明无论采用分散交易、双向拍卖，还是明码标价制度，交易成本的存在都将给水权市场效率带来显著的负向影响。

表 5-22　引入交易成本前后水权市场效率差异的非参数检验

组别	对比实验局	p 值	接受/拒绝原假设
组一/组二	E1 与 E4	0.002	拒绝
	E2 与 E5	0.002	拒绝
	E3 与 E6	0.002	拒绝

5.5.3 市场势力因素对水权市场效率影响的显著性检验

对组二和组三、组四和组五进行比较，以考察在存在交易成本的前提下，考虑市场势力因素前后，不跨期、跨期水权市场中，同一交易制度下的市场效率是否有显著差异。基于表 5-23 所得检验结果，各对实验局水权市场效率比较的 p 值均在显著性水平为 0.05 的情况下通过检验。说明无论采用何种交易制度、无论是否允许跨期存储，在考虑水权市场中交易成本因素的前提条件之下，水权许可证初始分配方式的不同都会带来水权市场效率的显著差异，水权垄断初始分配形成的市场势力将引致水权市场效率的显著下降。

表 5-23　引入市场势力前后水权市场效率差异的非参数检验

组别	对比实验局	p 值	接受/拒绝原假设
组二/组三	E4 与 E7	0.002	拒绝
	E5 与 E8	0.002	拒绝
	E6 与 E9	0.002	拒绝
组四/组五	E10 与 E13	0.002	拒绝
	E10-1 与 E13-1	0.002	拒绝
	E10-2 与 E13-2	0.002	拒绝
	E11 与 E14	0.002	拒绝
	E11-1 与 E14-1	0.002	拒绝
	E11-2 与 E14-2	0.002	拒绝
	E12 与 E15	0.002	拒绝
	E12-1 与 E15-1	0.002	拒绝
	E12-2 与 E15-2	0.002	拒绝

5.5.4　跨期存储因素对水权市场效率影响的显著性检验

对组二和组四、组三和组五实验结果进行比较，分别考察在有市场势力、无市场势力的水权市场中，考虑跨期存储因素前后，同一交易制度下的市场效率是否有显著差异。根据表 5-24 给出的检验结果，组二与组四、组三与组五双向拍卖制度下六对实验局水权市场效率比较的 p 值均通过了 0.05 显著性水平的检验。说明无论水权市场中是否存在市场势力，跨期存储机制的引入进一步推动了双向拍卖制度下水权市场效率的提高。然而，分散交易、明码标价制度下，各对实验局市场效率比较的 p 值则有的通过检验，有的没有通过检验，但检验结果仍呈现一定的规律。通过具体分析检验结果，可以发现对于采用分散交易或者明码标价制度的水权市场，考虑跨期存储因素后，较之不跨期水权市场，总体而言并没有引致市场效率的显著改变，但对二期市场效率的提升有显著的正向作用。

最后，分别对组四与组五一、二期水权市场实验结果进行比较，以考察引入跨期存储机制后，同一交易制度下的一、二期水权市场效率是否有显著差异。表 5-24 的结果显示，组四与组五一、二期六对实验局水权市场效率比较的 p 值均在显著性水平为 0.05 的情况下通过检验，说明无论采用分散交易、双向拍卖、明码标价中的哪种交易制度，跨期存储机制的引入都能显著提高远期水权市场运行效率。

表 5-24　引入跨期存储前后水权市场效率差异的非参数检验

组别	对比实验局	p 值	接受/拒绝原假设
组二/组四	E4 与 E10	0.394	接受
	E4 与 E10-1	0.132	接受
	E4 与 E10-2	0.002	拒绝
	E5 与 E11	0.002	拒绝
	E5 与 E11-1	0.002	拒绝
	E5 与 E11-2	0.002	拒绝
	E6 与 E12	0.818	接受
	E6 与 E12-1	0.818	接受
	E6 与 E12-2	0.002	拒绝
组三/组五	E7 与 E13	0.002	拒绝
	E7 与 E13-1	0.132	接受
	E7 与 E13-2	0.002	拒绝
	E8 与 E14	0.002	拒绝
	E8 与 E14-1	0.002	拒绝
	E8 与 E14-2	0.002	拒绝
	E9 与 E15	0.818	接受
	E9 与 E15-1	0.026	接受
	E9 与 E15-2	0.026	拒绝
组四/组五	E10-1 与 E10-2	0.002	拒绝
	E11-1 与 E11-2	0.002	拒绝
	E12-1 与 E12-2	0.002	拒绝
	E13-1 与 E13-2	0.002	拒绝
	E14-1 与 E14-2	0.002	拒绝
	E15-1 与 E15-2	0.002	拒绝

5.6　实验结果讨论

前文通过设置五组共 15 局对比实验，完整地模拟了水权市场交易过程中买卖双方价格博弈的过程，将交易制度、交易成本、市场势力、跨期存储机制共同纳入分析框架，开展不同组合下的水权交易实验。本节对实验数据进行进一步讨论，同时基于实验结果对前文研究假设进行仿真验证。

5.6.1　实验结果的进一步讨论

1. 价格行为分析

图 5-8 为五个实验组所有实验局的合约价格序列。

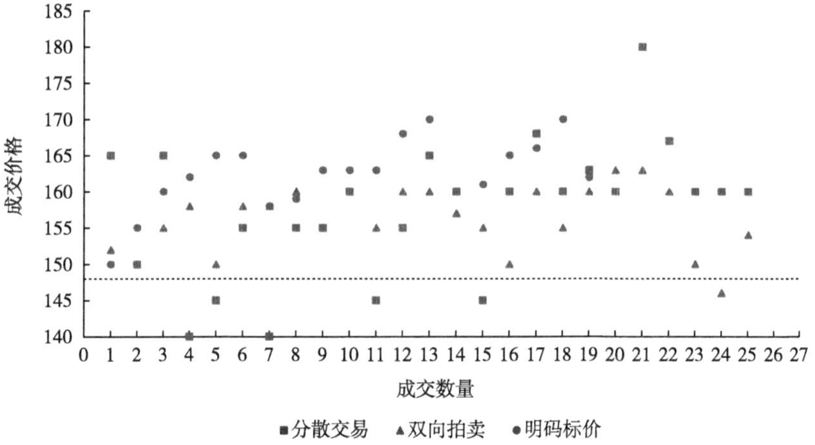

（a）E1 ~ E3

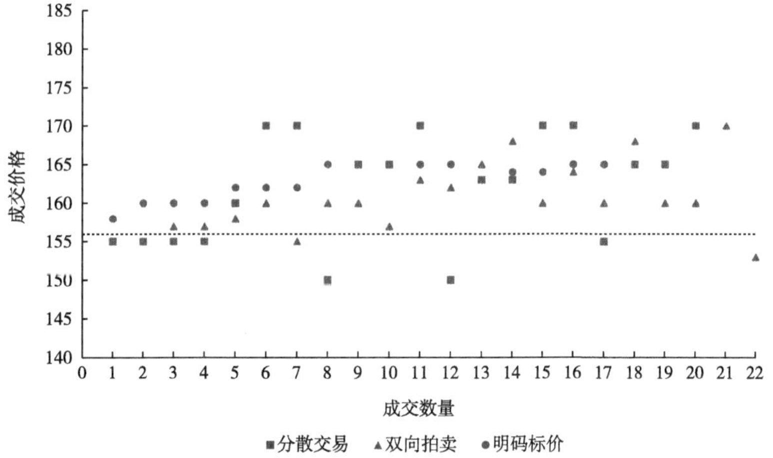

（b）E4 ~ E6

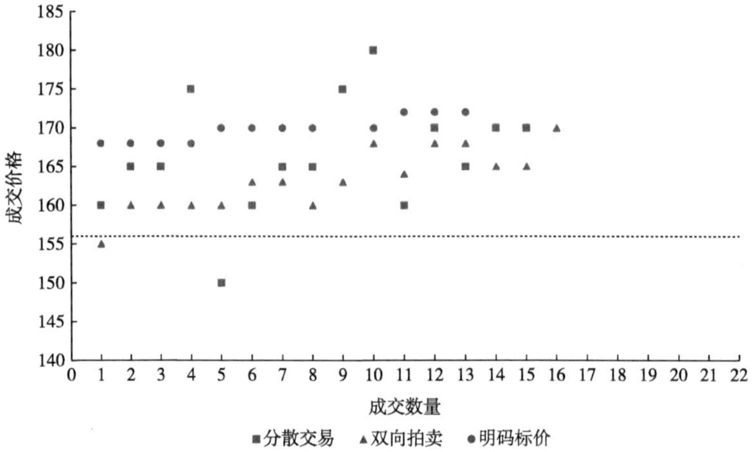

（c）E7～E9

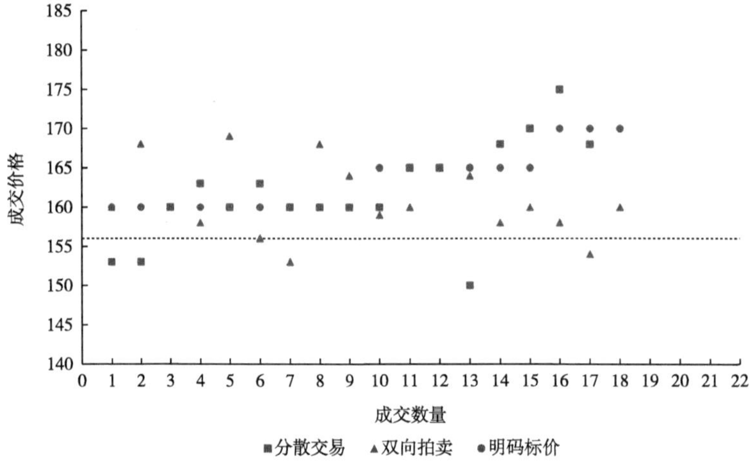

（d）E10-1～E12-1

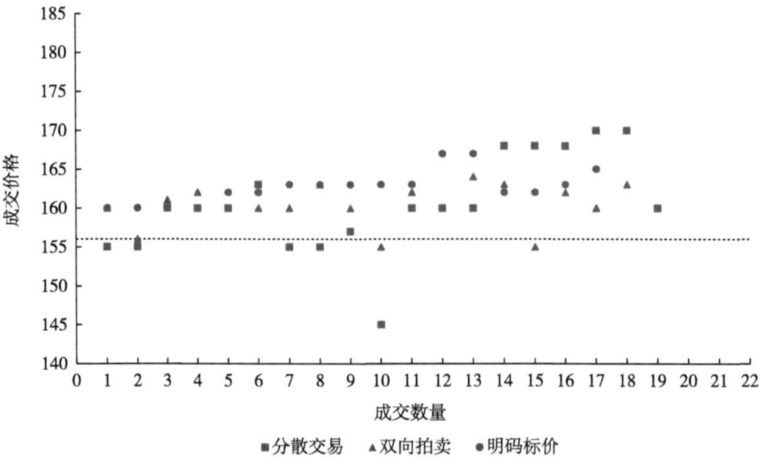

（e）E10-2～E12-2

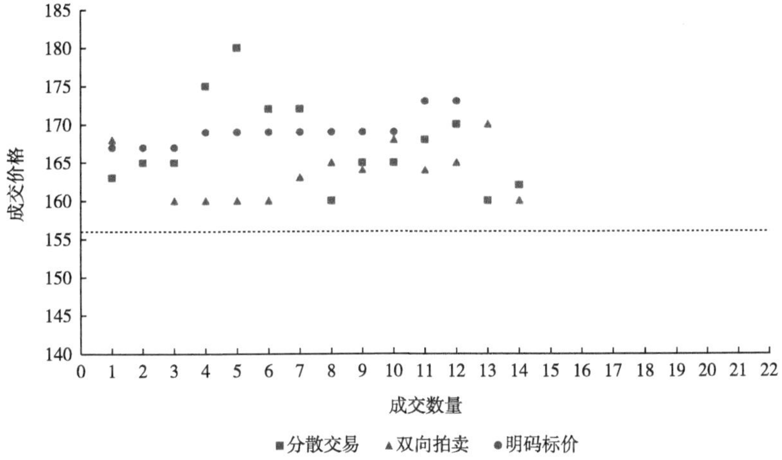

（f）E13-1 ~ E15-1

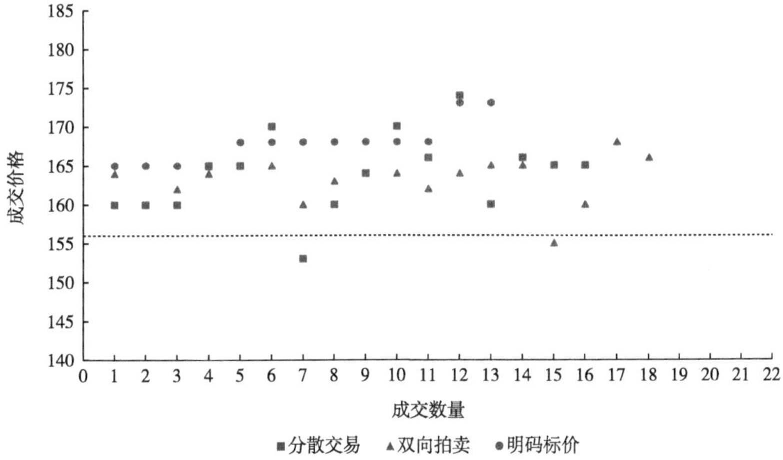

（g）E13-2 ~ E15-2

图 5-8　各实验局合约价格序列汇总

由图 5-8 可见，无论交易成本、市场势力和跨期存储机制存在与否，从各组别不同交易制度下的合约价格序列来判断，发现交易制度是影响水权交易价格行为的基础性因素。引入交易成本因素后，各交易制度下的水权合约价格序列整体有所上升，且与均衡成交价格的偏离程度趋于降低。在有交易成本的水权市场中考虑市场势力因素后，各交易制度下的水权合约价格序列大幅上升，与均衡成交价的偏离程度加剧，相对而言双向拍卖制度下的水权交易价格变化幅度最小。依然考虑交易成本时，分别在有、无市场势力的水权市场引入跨期存储机制，一期水权市场价格走势变化不明显，但二期市场中均形成了收敛性更好的合约价格序列。总体而言，跨期存储机制的引入会使得各交易制度下的水权合约价格趋于下降。

2. 市场剩余分析

表 5-25 为五个实验组所有实验局的市场剩余分布。

表 5-25　各实验局市场剩余分布汇总

组别	实验局	S1	S2	S3	S4	S5	S6	B1	B2	B3	B4	B5	B6	π_S	π_B	N	M
组一	E1	69	139	94	45	59	32	72	59	56	81	12	9	438	289	1.52	1.3977
	E2	94	118	95	56	39	40	88	85	77	55	5	1	441	310	1.42	1.4167
	E3	113	109	88	63	55	35	65	76	58	42	1	0	462	241	1.92	1.5360
组二	E4	63	47	56	34	31	20	61	75	60	62	5	2	251	265	0.95	0.3352
	E5	58	64	33	33	26	29	85	82	63	64	1	0	244	295	0.83	0.2936
	E6	77	76	31	35	29	22	53	73	56	45	1	0	270	229	1.18	0.4413
组三	E7	0	103	42	67	34	0	46	51	32	30	0	0	245	159	1.54	0.3030
	E8	0	98	32	52	21	0	72	65	67	37	0	0	204	241	0.85	0.0663
	E9	0	128	44	60	29	0	42	45	28	26	0	0	261	141	1.85	0.3939
组四	E10-1	71	65	39	28	26	28	62	76	45	62	7	0	257	252	1.02	0.3712
	E10-2	46	83	57	22	22	25	67	79	76	50	2	0	255	274	0.93	0.3598
	E11-1	65	72	40	32	24	24	75	84	69	56	0	0	256	284	0.90	0.3636
	E11-2	67	68	42	29	23	18	82	89	76	54	0	0	247	302	0.82	0.3144
	E12-1	74	72	51	39	30	32	63	60	36	41	0	0	299	200	1.49	0.6061
	E12-2	72	63	57	43	24	17	54	70	68	42	0	0	276	234	1.18	0.4792
组五	E13-1	0	98	35	72	32	0	36	57	44	36	0	0	237	173	1.37	0.2538
	E13-2	0	110	36	51	27	0	71	67	50	39	0	0	225	227	0.99	0.1875
	E14-1	0	97	36	49	19	0	70	65	48	42	0	0	201	224	0.89	0.0492
	E14-2	0	98	31	48	19	0	67	83	73	47	0	0	196	270	0.72	0.0208
	E15-1	0	118	35	69	21	0	39	50	36	18	0	0	243	142	1.71	0.2898
	E15-2	0	133	59	55	0	0	36	65	38	27	0	0	247	166	1.49	0.3125

1）各交易制度下的市场剩余表现

根据表 5-25 给出的实验结果，具有共性的是无论水权市场中是否考虑交易成本、市场势力、跨期存储机制，各交易制度下交易者个人剩余分布极不均衡，且始终有交易者难以获得个人剩余。

在有交易成本的水权市场中（组二～组五），从买卖双方剩余分布看，基于明码标价制度的实验，买卖双方剩余比例均超过 1.0，即较之买方，卖方均获得了较多的剩余值。基于双向拍卖制度的实验，买方剩余不仅超过卖方，且显著高于明码标价制度下的剩余值。而基于分散交易制度的实验，若不考虑市场势力因素，买卖双方获得的市场剩余较为接近；若考虑市场势力因素，则交易双方市场剩余分布中卖方更占优势。这说明当存在市场势力时，分散交易制度下的水权市场买方力量趋于减弱。上述结果说明明码标价、双向拍卖制度分别在水权市场中形成了有利于卖方、买方的市场环境。明码标价制度下卖方市场力量较强，在水权商品定价中拥有主动权；双向拍卖制度下买卖双方的力量趋于均衡，能有效抑制卖方在市场中获取过多的剩余。

同样在有交易成本的水权市场中，从市场垄断效率指标来看，在三类交易制度中，双向拍卖实验得到的指标值相对较低，尤其是在有市场势力的水权市场中该特征更明显，实验结果显示该指标值趋于零值。该结果说明双向拍卖制度下水权市场交易环境更为公平，而在分散交易、明码标价制度下则卖方更易获得超额垄断利润。

2）引入交易成本、市场势力、跨期存储因素后市场剩余变化的综合分析

基于实验所得结果，在仅有交易成本的水权市场中，较之不跨期市场，各交易制度下跨期市场中的买卖双方剩余比例变动不明显，市场垄断效率则略有上升，这说明跨期存储难以改变市场中买卖双方的力量。

在上述实验组设置中进一步考虑市场势力因素，并比较相应实验组所得结果，首先，较之不跨期市场，各交易制度下跨期市场中买卖双方剩余比例明显下降，且市场垄断效率也趋于降低，这说明跨期存储机制能有效抑制卖方的市场势力。其次，跨期水权市场的实验结果显示，无论是否存在市场势力，较之一期市场，同一交易制度下二期市场中买卖双方剩余比例、市场垄断效率均趋于减小，这在有市场势力的水权市场中尤为明显，由此说明跨期存储机制的引入有助于平衡水权市场中买卖双方的力量，即使水权市场中已经形成了卖方垄断地位。

3. 统计指标分析

为了能更清晰地对实验结果进行进一步的分析与比较，表 5-26 列示了五个实验组所有实验局的统计分析指标。总体而言，五个实验组的结果基本一致，E1 ~ E15 实验局均产生了高于理论均衡成交价的成交价格和低于理论均衡成交数量的成交数量，存在一定的社会福利损失，未能达到 100%的市场效率。

表 5-26　各实验局相关统计指标汇总

组别	实验局	实验结果（Q，P，π）	市场效率/%	总市场效率/%	平均价格偏离	平均数量偏离
组一	E1	(24.3，156.8，727)	91.33	/	8.815	−0.099
	E2	(24.7，156.5，752)	94.43	/	7.506	−0.086
	E3	(18.7，161.1，704)	88.40	/	9.012	−0.309
组二	E4	(20.0，161.5，516)	89.43	/	5.909	−0.091
	E5	(21.3，160.2，539)	93.36	/	4.803	−0.030
	E6	(17.3，163.6，498)	86.37	/	6.227	−0.212

续表

组别	实验局	实验结果（Q，P，π）	市场效率/%	总市场效率/%	平均价格偏离	平均数量偏离
组三	E7	(14.7，167.1，404)	70.08	/	7.546	−0.333
	E8	(16.0，163.4，444)	76.95	/	5.394	−0.242
	E9	(12.7，169.3，402)	69.73	/	7.667	−0.379
组四	E10-1	(18.3，162.0，510)	88.33	90.06	6.576	−0.167
	E10-2	(19.0，160.9，530)	91.80		5.758	−0.136
	E11-1	(18.3，160.8，540)	93.65	94.40	4.712	−0.167
	E11-2	(19.7，160.1，549)	95.15		4.152	−0.106
	E12-1	(16.7，165.4，511)	86.42	87.46	7.000	−0.242
	E12-2	(17.0，163.2，533)	88.50		5.576	−0.227
组五	E13-1	(14.0，166.3，410)	71.00	74.64	6.530	−0.364
	E13-2	(16.7，164.3，452)	78.28		6.409	−0.242
	E14-1	(14.3，163.3，425)	73.66	77.12	4.803	−0.349
	E14-2	(17.3，162.6，466)	80.59		4.273	−0.197
	E15-1	(12.3，169.2，385)	66.78	69.18	7.439	−0.440
	E15-2	(13.7，168.2，413)	71.58		7.591	−0.379

具体从水权市场经济效率的各评价指标综合比较有无交易成本、市场势力，是否允许跨期存储的五组实验结果，可以得出以下结论。

1）各交易制度下的指标综合分析

从市场效率和成交价格来看，发现无论是否存在交易成本、市场势力和跨期存储机制，双向拍卖交易制度下的水权市场总能达到最优；分散交易制度次之；市场效率最低的是明码标价制度下的水权交易。与之相对应，双向拍卖制度下的水权交易价格最低，更接近于竞争市场的理论均衡价格；明码标价制度下产生了最高的交易价格；分散交易制度下的水权市场成交价格居中。这主要是由于双向拍卖制度为买卖双方提供了充分的讨价还价机会，能有效缓解信息不对称现象，使得交易双方的市场力量更为均衡，并有效抑制市场势力对水权价格的影响，从而产生更为合理、竞争的交易价格，这将引致社会福利损失的减少和水权市场运行效率的提升。也因此，在市场势力使得分散交易和明码标价制度下的水权市场效率显著下降的同时，双向拍卖制度下的水权市场效率受到的负面影响相对较小。而在分散交易制度下，交易主体在水权市场中所拥有的充分自由度可以增加对市场信息的了解，即使在面临交易成本和市场势力的情况下，也能通过比价及充分的竞价机会增强自身的市场力量，促进水权市场运行更为有效。之所以分散交易制度下的水权市场运行效率低于双向拍卖交易制度下的水权市场运行效率，是因为分散化的交易方式使水权市场交易主体为达成交易付出了更多的信息搜寻成本，市场效率不可避免地受到了影响。

从市场成交量的角度，双向拍卖制度下的成交量最多，这与交易主体在该制度下能通过充分竞价以最接近双方期望的价格达成交易有着必然的联系。与之形成对比的是，明码标价制度下的水权市场形成了最少的成交数量。这是由于在明码标价制度下，买卖双方对市场信息的了解相对闭塞，尤其是买方在考虑到水权交易的正外部性情况下，基于自利心理不愿意那些未参与交易的用水户获得额外收益，更是降低了对卖方所给出的水权价格的接受度，进而减少了对水权的需求，这使得水权市场成交量趋于下降。

2）引入交易成本、市场势力、跨期存储机制后经济效率指标变化综合分析

首先，引入交易成本后，无论是不跨期还是跨期水权市场，各交易制度下的水权市场效率均略有下降。在存在交易成本的前提下，分别在不跨期、跨期水权市场中引入市场势力因素，发现在分散交易、双向拍卖、明码标价任一交易制度下，市场效率均出现显著下降，降幅大致位于 17%～22%；分别在有市场势力、无市场势力的水权市场中引入跨期存储机制后，发现跨期交易对水权市场整体效率提升具有正向作用。与此同时，实验结果也显示，较之一期市场，同一交易制度下的二期市场效率普遍有提升；较之同样实验设置下的非跨期市场的运行效率，各交易制度下的二期市场效率均有显著提升。这在存在市场势力的水权市场中尤为明显。

其次，无论是否引入跨期存储机制，交易成本、市场势力均会引起水权交易价格、交易数量的变化。基于水权市场实验结果，这两个因素均会使得水权交易价格提升，但两者对水权成交价格的影响存在一定差异：交易成本会使得水权市场的成交价格更趋近于理论竞争均衡价格；市场势力则会使得水权成交价格更偏离理论竞争均衡价格，且这一现象在不同交易制度下表现一致。

最后，引入跨期存储机制能在原有实验设置基础上进一步提升市场效率。这实际上是由于产品跨期交易带来了市场流动性提升，为同一单位产品寻找到了更优的市场剩余。对比表 5-26 中组四、组五实验局一、二期水权市场交易价格，可以发现在同一交易制度下，一期市场水权交易价格始终高于二期，这是因为一期市场中的卖家普遍形成了以下认知，即保留部分低成本水权商品至二期可能获得更理想的收益，而对于高成本水权商品，在二期交易中并无明显的价格优势，若在一期出现合适的价格，可考虑尽早出售。基于卖家上述心理行为，高成本水权商品在一期被售出的可能性更大，而二期交易中的低成本商品占据了更大比例。由此，引入跨期存储机制在一定程度上可以提升高成本商品的成交率，从而增加整体市场剩余，跨期实验局的高市场效率极大部分源于此。

5.6.2 基于实验结果对研究假设的仿真验证

前文应用实验经济学研究方法，在实验设计的水权市场中比较分析了三种交易制度——分散交易、双向拍卖及明码标价的市场运行情况，以及考虑交易成本、市场势力、跨期存储因素后的水权市场运行效果变化。基于实验结果，各实验局买卖双方总剩余均低于理论最大社会剩余，始终存在社会福利的损失，即未能达到竞争均衡的最优市场效率。

基于五组实验结果的统计分析及对各实验局水权市场效率差异的非参数检验，对于第 3 章提出的四个研究假设，支持假设 1 ~ 假设 3 成立，部分支持假设 4 成立。

第一，无论是否存在交易成本、市场势力及跨期存储，从市场效率、成交价格、成交数量等方面来衡量不同交易制度下的水权市场运行效果，以双向拍卖制度为相对最优，分散交易制度次之，然后是明码标价制度。因此，假设 1 成立。

第二，交易成本的存在使得水权市场效率显著降低、水权交易价格提升、水权交易数量减少，进而增加了社会福利损失，因此假设 2 成立。

第三，基于水权市场存在交易成本这一前提，市场势力因素的存在进一步降低了水权市场效率、减少了水权市场成交量，因此假设 3 成立。

第四，在有交易成本的前提下，无论考虑市场势力因素与否，引入跨期存储机制后各交易制度下的水权市场效率均有上升。但在同一交易制度下，跨期存储机制对水权市场效率提升的作用效果存在差异。根据 Mann-Whitney 检验结果，当水权市场中不存在市场势力时，在分散交易、双向拍卖制度下，跨期存储机制对水权市场效率提升起到了正向作用但效果不明显；而在双向拍卖制度下，跨期交易显著提升了水权市场效率。当水权市场中存在市场势力时，在分散交易、双向拍卖制度下，引入跨期存储机制能显著提升市场效率。而在明码标价制度下，尽管跨期交易有助于提升水权市场效率，但从效果来看并不显著。因此，假设 4 基本成立。

第 6 章　我国水权市场建设中的政府责任：理论框架与实现机制

水资源产权市场的特殊性决定了政府责任是建立水权市场制度、推进水权交易市场健康发展的重要保障。根据政府责任的一般理论并结合水权市场特点，从经济责任、社会责任两个维度建构水权市场建设中政府责任的分析框架。总体来看，当前我国水权交易实践探索中政府责任履行尚存在不足。中国特色水权市场建设中政府责任的实现，需要从健全水权交易法律法规保障机制、创新水权初始分配决策机制、完善水利基础设施投融资机制、构建水权市场监管机制、探索水权交易公众参与机制、建立水权市场建设中政府履责的效果评估机制等方面着手。

6.1　水权市场建设中政府责任分析框架的构建

基于对政府责任的界定和构成的分析，以及水权交易市场建设中政府责任内涵的剖析，本节从五个方面构建水权市场中政府责任体系分析框架，为后文的分析奠定基础。

6.1.1　水权市场建设中政府责任的内涵

政治学、法学、经济学、公共行政学、社会学等学科对政府责任的内涵有不同的理解，但从语义来说，政府责任是指宪法、法律授予的政府在管理社会事务中承担的职责和义务。政府在行使社会公共权力、管理社会公共事务过程中承担的责任具有多样性，本质上政府责任体系包括行政责任、经济责任、社会责任等方面内容。由于各国经济社会发展所处阶段不同，政府责任重心也存在差异。现今多数发达国家的政府责任突出表现为强调社会责任，并以“服务社会和促进公平”为其核心价值。当前我国政府责任体系以经济责任和社会责任为其核心内容，在经济建设层面以“追求效率”为目标，在社会建设层面更加关注社会公平、公正、公义。基于政府责任的一般性界定及其构成的简要分析，结合水权的特殊性及我国国情，这里认为我国水权市场建设中的政府责任是指政府在建立完善符合国情条件的水权制度体系、推进中国特色水权市场建设中应履行的经济责任和社会责任。

这里将水权交易市场建设中的政府经济责任界定为在水权市场化改革中为弥补市场失灵、引导水资源高效配置，政府需要履行的水资源宏观调控和配置、水权市场制度设计与供给、财政金融支持与基础设施建设、市场治理等方面的具体责任。由于市场失灵的存在，水权市场自身难以实现水资源的有效配置，这就需要政府运用法律、经济、行政等多种手段对水权交易活动进行必要干预，并承担起上述多方面的责任。

就水权交易市场建设中的政府社会责任内容而言，可界定为水权市场改革中政府在生态环境保护、第三方利益维护等方面所负有的责任。就政府社会责任履行方式而言，一方面，上述具体社会责任可融合到政府经济责任的执行中，表现为生态法律责任、生态行政责任等；另一方面，政府可通过营造舆论环境加强对水权市场这一新生事物的宣传，提高公众参与度来维护水权交易中的公共利益和社会公平。政府作为社会公共权力的代表，维护社会公平、保护公共利益是其应尽之责。因此，水权交易开展中需要政府积极承担相应的社会责任，在兼顾效率和公平的同时，最大限度实现公共利益最大化。水权交易中的社会责任是政府责任不可或缺的组成部分，且是一种层次更高的政府责任形态，也是实现经济、社会、生态环境协调发展中政府行为的自然选择。

6.1.2 水权市场建设中的政府责任体系

具体而言，政府在水权市场建设中的责任体系由五个方面构成。

一是政府的水权市场制度供给责任。制度供给是为规范人们行为而提供的一系列法律、法规、伦理、经济准则或规则。按照科斯（1994）的观点，制度供给的意义在于规制人们之间的交换关系，减少信息成本和不确定性，把阻碍合作的因素降低到最低程度，促进个人收益与社会收益的最大化。除非这种准则或规则由政府提供，否则难以保证其强制性及应有的效益。可见，政府是制度供给的唯一主体。从制度视角来看，水权市场的培育和发展离不开两方面的支持，即水权市场制度的制定与完善及水权市场制度的执行与落实。上述两方面合力构成系统、完善的水权市场制度体系，也是政府在水权市场建设中需要承担的制度供给责任。

二是政府的水权初始分配责任。现实中包括我国在内的多数国家的相关法律将水资源界定为国家所有，自然地需要政府承担起对水资源使用权的初始分配责任。水权初始分配可以视为通过国家层面的全国水资源战略规划和中长期供求规划，流域层面的流域规划和流域水量分配方案，以及各省（自治区、直辖市）、市、区县层面的地方水资源分配方案，在各地区实现水资源的优化配置。水权初始分配是水权交易市场的逻辑起点，能否合理、公平地配置初始水权将直接影响到水权市场的发展和运行。

三是政府的水利基础设施建设投资责任。水资源的流动性决定了任何一种水权交易的开展均以水资源的动态监测和计量为前提，水资源管理部门要求具备相应的计量监测能力，而区域水权交易的开展更是以相应的工程条件为基础以确保长距离输水的通畅。因此，输水基础设施状况和取用水的计量监测将直接影响到水权交易，如果不能提供良好的输水工程设施、先进的计量监测技术和设施，就容易导致水权交易的不活跃。水权交易的开展对配套水利设施提出了更高要求，而基于基础设施的公共物品属性和涉及公共利益的广泛性，更加突出了政府在基础设施建设投资中的主体地位，尤其在水权市场的培育期和成长期，政府公共财政将起着基础性、开发性和先导性的作用。水利基础设施建设既需要政府承担主要投资责任，又需要政府引导拓宽这一领域的融资渠道。

四是政府的水权交易市场监管责任。基于市场固有的缺陷，如果完全放任水权市场自由交易，容易导致社会分配不公、市场不完全竞争等问题。如部分交易主体可能通过大量收购、恶意抬价等手段操纵市场以获取超额收益，这种市场势力的形成会导致“市场失灵”，并抬高新主体的市场进入壁垒。为使得水资源和水权交易收益能在市场主体之间形成合理的分配，政府需要加强对水权市场的监管，创造公平的竞争环境以弥补水权市场的先天缺陷，保障水权市场的有效运行。政府对于水权市场监管的责任重心在于加强水资源用途变更核查、交易价格监督、违规行为矫正、公共利益维护等方面的管控。

五是政府的水权交易舆论环境营造责任。基于水权市场的特殊性，需要政府利用其掌握的重要舆论资源和力量，积极承担起通过水权交易舆论环境营造，引导社会公众踊跃参与水权市场建设和监督的责任。一方面，水权市场化改革作为一项新生事物，社会对其接受与认可存在着一个循序渐进的过程，其所带来的社会各相关利益群体的重新整合难免会引起部分公众的疑虑甚至抵触情绪。水权市场化改革的成功，既需要精巧的制度设计，也需要得到公众的支持与理解。另一方面，水权市场的改革主要由政府主导推行，然而由于地方政府在利益取向上与中央政府不完全一致，水权市场运行可能出现地方利益集团垄断的现象，导致政策的执行在满足公共利益需求上可能存在困难。社会公众作为水权交易最重要的利益相关者参与水权市场建设，可以及时监督和更正政府的政绩倾向，有效避免“政府失灵”现象；可以确保水权交易以公共利益为根本出发点，实现水资源高效配置的经济目标。

在我国现实国情下，水权市场的有效运行需要政府的干预和介入，需要政府在水权交易不同阶段和各个环节承担相应的责任。基于前文分析，水权市场化改革中政府责任体系以经济责任、社会责任为核心，具体包含水权市场制度供给责任、水权初始分配责任、基础设施建设投资责任、市场监管责任、生态保护和第三方利益维护责任、舆论环境营造责任、公共和公众利益维护责任等。水权市场建设中政府责任的实现需要相应的法律法规保障、水权初始分配决策、投融资、市场管控、公众参与、效果评估、生态补偿、第三方经济补偿机制等机制来予以保障。由此，可建构水权市场建设中的政府责任理论框架（图 6-1）。

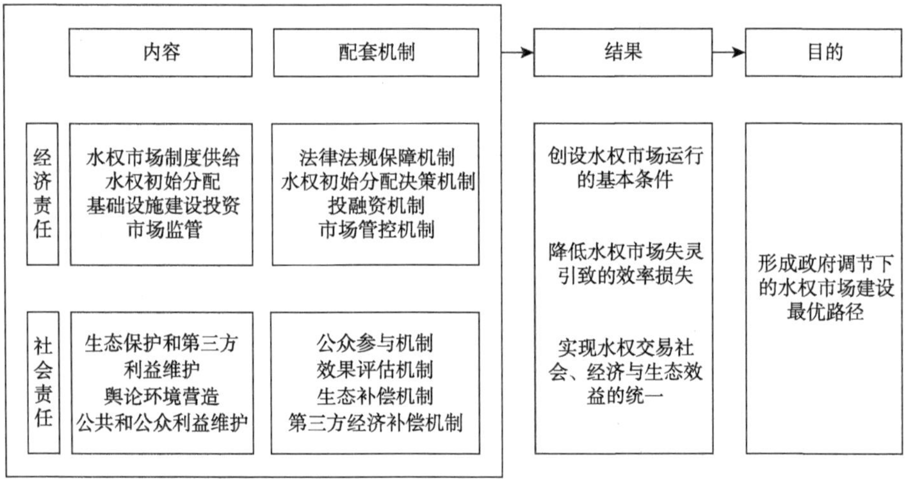

图 6-1 水权市场建设中政府责任的理论框架

6.2 政府推进水权市场建设中的责任履行评价

经过十几年来的探索和实践，我国水权市场制度体系逐渐趋于完善，水权初始分配制度基本建立，特别是取水权的确立和部分流域水权分配方案的出台为实现水资源由行政管控向市场配置的跨越奠定了基础。然而，在现有国情因素约束下，我国水权市场的发育路径规划和相关制度设计仍有待健全，水权市场制度供给、初始分配机制有待创新。此外，当前政府在水利基础设施建设投资、水权市场有效监管、公众参与路径铺设、生态与第三方补偿机制构建等方面的履职及水权市场建设过程中政府公共服务的内容与质量还有待改进。

6.2.1　制度供给者角色维度的分析

在水权市场制度建设方面，21 世纪初，以《水法》为指导，国务院颁布《取水许可和水资源费征收管理条例》，水利部结合国内水权转让的实践相继发布《取水许可管理办法》《水权制度建设框架》《关于水权转让的若干意见》等文件，为规范水权转让行为、构建水权制度框架奠定了良好基础。2011 年以来，在政府推动下，水权市场化改革加快推进，各级政府加强了水权交易制度的设计。如作为国家水权试点的内蒙古、甘肃、河南、广东四省区，立足于不同水权交易流转模式陆续编制发布的《内蒙古自治区水权交易管理办法》《甘肃省疏勒河流域水权试点方案》《河南省水权交易规则》《广东省水权交易管理试行办法》等文件，以及水利部出台的《水权交易管理暂行办法》等。目前我国水权市场制度体系已初步建立，但仍存在以下方面有待完善。

第一，制度内容有待完善。其一，我国水资源属于国家所有，相关法律形成了政府供给水资源的制度模式，但对水权界定和权能区分不够清晰。例如，《水法》明确了水资源所有权，但是对水资源占有、使用、收益、处置等权利缺乏具体规定。其二，《水法》《取水许可和水资源费征收管理条例》作为最早的水资源管理法律法规，侧重于水资源的行政管理，较少涉及水权交易、水权市场等方面的内容，与当前我国水权制度改革的趋势和法律保障要求不完全匹配。同时，上述涉水法律法规与《物权法》相关内容未能完全对接。例如，《物权法》第三编用益物权中的第一百二十三条规定，“依法取得的探矿权、采矿权、取水权和使用水域、滩涂从事养殖、捕捞的权利受法律保护”，这就明确将取水权纳入用益物权范畴，而《水法》《取水许可和水资源费征收管理条例》虽确立了取水权，但未就取水权的权利内容做出明确规定，导致取水权缺乏作为用益物权的物权性、流转性等基本属性。又如，按照《取水许可和水资源费征收管理条例》，“取水许可证有效期限一般为 5 年，最长不超过 10 年”，期限较短，难以满足用益物权的权利稳定性要求。其三，水权市场的良性运行需要一系列配套制度予以保障，然而目前水权交易配套保障制度有待健全，包括水权初始分配执行的强制性约束机制、水资源使用的监督惩罚机制、水权交易的冲突调解机制，以及对生态影响和第三方利益的补偿机制等。

第二，制度设计有待统一。当前我国水权市场制度体系中，就水权交易规则而言，由各级地方政府颁布的规则与国务院和水利部颁布的指导性文件尚未实现内容上的完全统一。例如，在地方水权改革实践中，《广东省水权交易管理试行办法》规定“水权交易的转让方包括依法取得取水权的取水单位和用水总量尚未达到该行政区域用水总量控制指标的县级以上人民政府。水权交易的受让方包括需要新增取水的取水单位和需要新增用水总量控制指标的县级以上人民政府”，即水权交易主体为取水单位或县级以上人民政府，未包含个人；而根据《水权交易管理暂行办法》，区域水权交易以“县级以上地方人民政府或者其授权的部门、单位为主体”、取水权交易以“获得取水权的单位或者个人（包括除城镇公共供水企业外的工业、农业、服务业取水权人）”为主体、灌溉用水户水权交易以“已明确用水权益的灌溉用水户或者用水组织”为主体，即水权交易主体包含了获得取水权的个人及已明确用水权益的灌溉用水户。

第三，制度执行存在多头管理主体。近年来，中央政府高瞻远瞩，不断优化水资源管理顶层设计；精细部署，稳步推进水资源管理机构改革。根据第十三届全国人民代表大会第一次会议批准的国务院机构改革方案，在水利部集中统一领导水利工作的同时，自然资源、生态环境、应急管理等部门也分别承担了水资源调查和确权登记管理、编制水功能区划和流域水环境保护、水旱灾害防治等水资源管理相关职责。然而，实践中上述部门在履职过程中可能会存在潜在的职能交叉现象。例如，水质监管过程中地方水行政主管部门与环保部门的管理可能出现“重叠”，这使得地方水资源管理实践中可能存在多头管理的隐患。

6.2.2 基础设施建设投资者角色维度的分析

长期以来，国家将水利固定资产投资放在重要位置，高度重视水利基础设施建设，先后开工引滦入津、南水北调等在内的跨流域和跨区域重大战略性调水工程，这些水利工程设施将成为水权交易市场有效运作的硬件基础保障。数据显示2005年以来我国水利投资处于快速增长的通道，年复合增速高达24%①。2014年水利建设投资达到4881亿元，其中中央投资1627亿元②，2015～2016年在建重大水利工程投资规模年均超过8000亿元③。尽管如此，当前我国水利基础设施建

① 数据来源 https://finance.huanqiu.com/article/9CaKrnJIvIk。

② 数据来源 http://www.mwr.gov.cn/ztpd/2015ztbd/2015qgsltjzhy/hyjd/201501/t20150110_611094.html。

③ 数据来源 http://jgdj.mwr.gov.cn/gzdt/djdt/jgdj/201812/t20181226_1064408.html。

设投资仍有待改进，具体表现在以下方面。

第一，基础设施供给待加强。我国水利基础设施大多建于 20 世纪，由于长期使用和管理养护机制的不健全，部分水利设施出现老化失修、渗漏和堵塞等现象，降低了水资源在不同空间输送的效率。同时，现有水利配套管网普遍存在量水设施缺失、监测技术落后、监测困难等问题。当前我国部分工农业取水未实施计量监测，近半数水功能区尚缺乏有效监测手段，55%左右省界断面的水质监测处于空白状态。整体而言，目前我国水利基础设施配套尚不健全、技术不够先进，改进空间较大。

第二，基础设施建设资金投入待提高。水利基础设施建设需要大量的资金投入。近年来，尽管我国水利基础设施投资规模增长明显，但大多集中于大型工程建设，与水权交易开展密切相关的输水工程设施建设、计量监测技术设施配备存在投资不足现象。数据显示，2016 年累计安排中央水利建设投资 1413.4 亿元，其中小型农田水利建设资金 364.5 亿元，仅占 25.8%。政府的资金投入难以满足已有输水工程设施的改造、重建，以及计量监测设备的全面配套和监测技术的研发更新等需求，尤其是 2011 年以来显著增加的水权交易催生了对完善水权交易技术支撑条件的迫切需求，水利基础设施建设领域存在资金缺位问题。

第三，融资模式待创新，社会资本投资意愿待增强。长久以来，我国水利基础设施投资主要源于公共财政投入，由中央财政根据实际情况进行划拨，并由地方政府负责落实配套资金。由于水权市场建设带来了基础设施建设投资的巨大缺口，仅依靠中央与地方财政难以满足。2014 年以来，国家发展和改革委员会、水利部等部门陆续出台了《政府和社会资本合作建设重大水利工程操作指南（试行）》《关于鼓励和引导社会资本参与重大水利工程建设运营的实施意见》等文件，鼓励在水利工程投融资方式上引入政府与社会资本合作（public-private-partnership，PPP）模式，引导社会资本以特许经营、参股控股等多种形式参与重大水利工程建设运营。这一创新模式迅速在全国范围内推广，但面临社会资本进入意愿低的困境。逐利性是资本的自然属性，社会资本投入项目多以营利为目的，而水利设施项目通常具有建设工期和投资回收期较长、营利能力不高的特点，导致社会资本对水利基础设施建设项目的收益性持审慎态度，进而形成社会资本介入意愿降低的状况。

6.2.3　市场管理者角色维度的分析

在我国，基于政府主导水资源配置的历史传统，水权市场建设同样处于政府的统一管理之下。当前，我国政府作为水权市场的管理者，其在水权初始分配和二次流转过程中的管理责任履行有待改进。

第一，一级水权市场初始分配有待优化。一级水权市场即水权的初始分配市场。实践中水权初始分配表现出以政府行政管理为主、水权初始分配仅到机构或灌区、多种优先模式并存等的特征。具体而言，各级政府，尤其是地方政府在水权配置上拥有较大主动权，由于利益主体的多元化，水权初始分配难以完全做到合理、公平。在我国，经过上下级政府之间的层层委托，最后水权分配到机构或灌区。特别是现有国情条件下，农业领域的水权通常仅分配到灌区，未能分配到灌溉用水户。我国水权初始分配实践中存在着时间优先、地域优先等多种优先模式，使得不同水权资源初始分配可能出现不均衡现象。同时，我国水权实践中各级水行政主管部门承担着涉水政策、水务发展规划与计划的制订和实施，水资源分配和调度，以及取水许可制度组织实施等诸多职责，可能难以兼顾对水权初始分配执行的严格约束监管，从而影响取水权在不同区域、部门之间的有效配置。

第二，二级水权市场交易监管有待强化。《水权交易管理暂行办法》规定“县级以上地方人民政府水行政主管部门或者流域管理机构应当加强对水权交易实施情况的跟踪检查，完善计量监测设施，适时组织水权交易后评估工作”。但对相关细节问题未做出规定。因此，实践中各监管主体及其对应职责不甚明确。同时，从监管内容来看，由于当前我国水权市场发展处于初级阶段，地方政府在对水权交易中涉及的水资源用途、水权交易价格、水生态环境影响等方面的监管力度有待加强。而随着我国水权市场由试点阶段向全国市场的转变，地方政府对水权交易的不充分监管将可能引致水资源用途擅自变更、水权市场交易价格异常波动、水生态环境恶化等问题。

6.2.4 舆论引导者角色维度的分析

包括用水企业、灌区、灌溉用水户等在内的社会公众是水权市场最主要的参与者和最终的受益者，也是推进水权交易发展的内在驱动力。当前，政府利用舆论资源和力量在引导公众参与水权市场建设方面所开展的宣传工作已取得较大进展，水权市场舆情基础扎实，主要表现为以下两方面。

第一，多形式的水权市场宣传渠道基本形成。现实中政府对水权市场制度的宣传主要通过各级政府的“层级推动”，以村集体会议为主要形式，辅之以网络、电视、广播、报刊等渠道，以及现场咨询、听证会等形式。由于政府对水权交易的宣传到位，加之公众参与水权市场建设的渠道广泛、参与方式多样等有利条件，水权市场交易主体，甚至灌溉用水户组成的基层用水户群体对水权市场也颇为了解、节水意识较强、参与度较高，仅有少部分用水户对水权交易政策不甚了解。现有的水权交易宣传方式促进了基层群众、地方政府及制度设计者之间的纵向深层互动，也有助于在村集体和用水户协会等基层组织之间形成横向交流。

第二，用水户协会宣传推广水权交易政策的效果显著。20 世纪 90 年代以来，得益于世界银行和国际灌排委员会的大力支持，我国开始实施用水户参与的灌溉管理改革。通过政府鼓励和引导农民自愿组织、互助合作，参与到农田水利建设与管理事务中。2005 年 10 月，水利部、国家发展和改革委员会、民政部联合印发《关于加强农民用水户协会建设的意见》，指出“许多地方在总结过去基层群众管水组织改革成功经验和学习借鉴国外先进用水管理方法的基础上，试点并推广农民用水户参与灌溉管理，在增强农民民主管理意识、密切供用水双方的关系、改善田间工程管理和维护状况、改进田间灌排服务水平、促进节约用水、提高水费收取率、减轻农民不合理负担、降低农业生产成本、保证农民增收等方面取得了明显成效，也探索出了很多好的经验”。这说明加快农民用水户协会建设是基层群众参与水管理体制改革的方向。在政策导向下，用水户协会的数量迅速增长，截至 2012 年已达 7.8 万多家①。由于用水户协会这一基层水管理组织形式的迅速普及，水权交易政策在基层用水户群体中得到广泛宣传，水权市场建设的公共舆情基础更为扎实，从而更有助于水权交易法律法规和政策的实施。

6.3　水权市场建设中政府责任的实现机制

世界范围内的水权市场发展经验表明，一个国家要成功引入并有效运作水权市场，需要政府承担并履行相应的经济责任和社会责任，同时需要探索建立配套机制以保障政府责任的实现。现阶段，我国水权市场改革的重心在于明晰政府责任边界、强化政府职能履行，并依据我国特有国情和资源禀赋创新政府在水权市场中的公共服务方式。为进一步推进水权市场建设中政府责任体系建设，实现政府有序规划下“节水优先、空间均衡、系统治理、两手发力”的水资源优化配置，应重点完善六方面的机制。

① 数据来源中华人民共和国水利部，http://szy.mwr.gov.cn/dtxx/201901/t20190117_1105357.html。

6.3.1 健全水权交易法律法规保障机制

第一，强化水权交易立法责任，完善以法律保障为核心的顶层制度设计。一要顺应当前水权市场建设精细化和法制化趋势，建立完整的、可操作性强的水权交易制度。适时对《水法》进行修订和完善，在水权相关概念界定上，除明晰水权的法律属性外，还应对用水户水资源使用权的确认予以明确规定，为用水户的水权确权提供法律支撑。在水权交易相关规定上，基于《水权交易管理暂行办法》中提出的区域、取水权、灌溉用水户三种水权交易形式，补充国家出让水权、可交易水权审批和评估流程、水权市场交易制度等相关法律条例，条件成熟时可制定《水权交易法》，为水资源分配由政府管制向市场化配置转变提供法律依据。二要以水权交易过程中的经济外部性内部化为目标，加快构建流域内横向生态补偿的长效机制。当前我国尚未出台生态补偿的专项立法，现有涉及生态补偿问题的规定分散在多部法律之中，难以系统有效解决水权交易对生态环境带来的负外部性问题。针对这一情况，政府应秉持生态有价的理念，以“谁受益谁补偿、谁保护谁受偿”为原则，加快构建以补偿主体、补偿对象、补偿标准、补偿方式、监管评估为主要内容的水权交易横向生态补偿制度。把握国家水权试点取得初步成效的契机，将生态补偿的管理理念融入水权制度改革实践，鼓励地方政府因地制宜制定出台《水权交易生态补偿意见》等政策，以此为基础逐步规划出台《生态补偿条例》，进一步搭建流域内、地区间动态调整的水权交易生态补偿机制。基于国家水权试点在反哺生态上做出的积极探索，最终在国家层面制定《生态补偿法》，从法律意义上对建立横向生态补偿制度作专门规定，确保水权交易反哺生态有法可依。

第二，细化水权交易行政法规和规章制度。首要工作是对现有取水许可制度进行修订及完善。在取水权种类上，基于水权交易的实践探索及 2015 年中央一号文件提出的“探索多种类型水权流转方式”这一要求，在配套行政法规中对水权交易流转类型进行补充并明确相关权属事项，结合实际对不同类型取水权的有效期限进行科学设定和有效区分；在取水权获得方式上进行重点调整，遵循“有偿取得、有偿使用”的原则修订已有法规，逐步实现取水权的有偿取得。与此同时，将水权交易配套制度作为水权市场建设的重点工作，从三个方面加以构建和完善：一是建立水权初始分配民主协商机制，降低地方政府之间的组织成本；建立水权初始分配执行的强制性约束机制，预防水权配置中不合理行为的出现和水权交易中市场势力的产生，确保水权初始分配的公平、合理。二是完善水权交易惩罚机制、冲突调解机制等，制裁投机、违约等市场行为，维护交易秩序。三是对于水权消费正外部性可能引致的有效需求不足现象，地方政府应视各地经济社会发展具体情况采取补贴的方式，提高用水户进行水权交易的积极性，刺激水权交易市场的活力；各地政府应兼顾效率与公平相结合的原则，结合地区实际情况考虑制定《水权交易第三方经济补偿办法》，对第三方受损利益予以合理的经济补偿。

6.3.2 创新水权初始分配决策机制

基于水资源所有权隶属于国家的公共属性，水权初始分配应坚持以政府为主导的基本原则。为了促进水资源配置效率的提升，推动水权市场的健康发展，在各方面条件成熟时政府有必要积极探索创新水权初始分配决策机制。其一，从分配主体来看，应尝试转换政府角色，可以通过设立不同层次的专门机构来分别履行对各省（自治区、直辖市）、市、区县等各行政区用水量的初始分配职责，实现政府在水权初始分配方面的决策权和执行权的分离，更好地发挥政府对水资源初始配置的监管职能。其二，从分配方式来看，为激发用水户节水积极性，提高其在水权市场的参与度，政府应逐步下放水权初始分配权限。在国家水权试点取得的确权成效基础上，总结经验予以推广，在更大范围内将用水指标分解到农业社区等基层用水组织乃至灌溉用水户，赋予并明晰农业社区和灌溉用水户水资源收益、转让等各项权益。其三，从分配内容来看，政府除在用水总量控制下对水资源进行初始分配外，还应逐步建立节余水量认定机制。节余水量指企业、组织、个人等取用水主体实际用水量小于许可水量的情形。对节余水量进行评估认定和再登记，可保证该部分水资源以精确的数额、明确的权属认定再次进入市场交易。

6.3.3 完善水利基础设施投融资机制

第一，明确投资重心，重视水权交易配套基础设施建设。包括输水管道、水系联网、计量监测设施、智慧水利系统等在内的一系列水利基础设施建设，是保障水权交易顺利开展、水量分配真正落实见效的重要依托。各级政府在维护、改造现有管网设施，保障水资源输送效率的同时，应重点组织开展水量水质监测站网的布设，加大监测和调度系统的开发力度，运用智能水表、电磁流量计及超声波流量计等智能仪器仪表，结合计算机、传感器和网络通信等装置和技术，实现取水、用水和排水的自动化监测并提高管理效率，为水权交易提供强大的技术支持和充足的基础数据。

第二，拓宽融资渠道，建立政府与市场联动的投融资机制。在筹集水权交易配套基础设施建设资金的过程中，既要确保政府的主要投资责任，更要积极探索并提高通过市场筹措社会资本的有效性，协同构建多元化和多层次的水利基础设施建设投融资机制。政府首先应深化水利基础设施建设投融资体制改革，通过适时调整水利项目的社会资本准入门槛、建立社会资本参与水利建设项目的补偿机制（如延长特许经营期、适度提高收益分配比例、调整贷款和税收政策）等手段，为 PPP 这一新型融资模式提供更广阔的发展空间。另外，逐步增强地方政府在投资管理和资金融通方面的权限和运作空间，例如，地方政府鼓励符合条件的融资平台、公司拓宽水利投融资渠道，制定水利基础设施建设的金融支持政策，充分利用政策性银行和外国政府的优惠贷款等，吸引更多社会资金参与到水利基础设施建设中。

6.3.4　构建水权交易市场监管机制

根据《水权交易管理暂行办法》，“国务院水行政主管部门负责全国水权交易的监督管理，其所属流域管理机构依照法律法规和国务院水行政主管部门授权，负责所管辖范围内水权交易的监督管理。县级以上地方人民政府水行政主管部门负责本行政区域内水权交易的监督管理”。这明确了从中央到地方的各级水行政主管部门为维护水权市场有序运行的监管机构。考虑到目前国家水权试点期限已满，水权交易市场即将走向全国市场建设阶段，而我国各区域社会文化、自然禀赋等互有差异，且水权交易涉及多元利益主体，其交易程序、交易环节比较复杂，因此为提升对水权市场的监管效果，建议建立以政府监管为核心，交易机构自律监管和第三方独立机构监管为辅助的多元监管体系（图 6-2）。

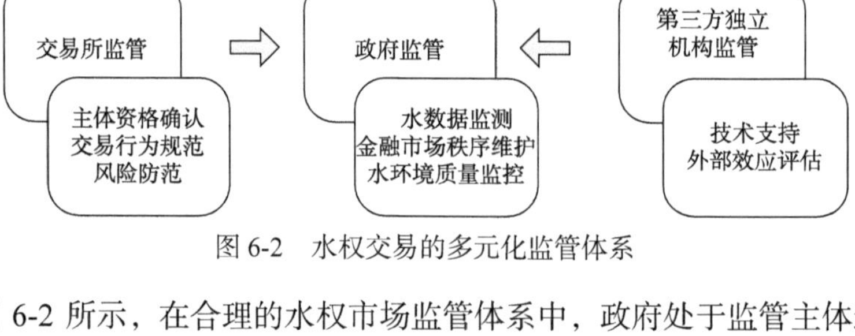

图 6-2　水权交易的多元化监管体系

如图 6-2 所示，在合理的水权市场监管体系中，政府处于监管主体地位。其中，水利部及地方水行政主管部门通过工作报告和水数据实时监测的形式对辖区内水权交易工作进行监督和披露；财政部、中国人民银行、银保监会等机构通过政策供给和市场行为监管等方式来稳定金融市场秩序；环境保护部门着重开展水环境质量监控，包括流域上下游生态环境监测、污水排放管制等。水权交易所在水权市场监管体系中具备充分的自律监管功能，主要表现为市场准入门槛设定、会员资格审查、对水权交易各环节的严格把控等方面。在水权市场监管中，第三方独立机构同样具备一定程度的辅助功能，如在交易代理、尽职调查、水权价值评估、财务审计、资金结算等方面提供专业化技术支持，促进水权交易的规范化；再如高校学术研究机构等一些有资质、有能力的技术机构在经地方政府授权后，可对水权交易外部效应开展综合评估。对水权市场的监管除需要调动多方机构各司其职外，各级政府还需在监管内容、方式、惩罚机制等方面予以完善、创新和突破。从监管内容来看，政府亟须探索建立动态的水权交易价格形成与调节机制，建立“市场形成价格、政府调控市场”的水权交易价格监管机制。从监管方式来看，政府可通过建立水权交易信用监管体系、搭建水权交易数据系统、推进水权市场动态在线监管等创新监管方式。从惩罚机制来看，建议在《水权交易管理暂行办法》中补充设置“违规责任”章节，建立统一的责任追究机制，处罚的形式和程度应契合水权交易的特点，在条款中加以明确的设定。而对于水权交易买卖双方未按时履行清缴义务的应责令履行，同时可处以罚金或取消取水权许可证的惩戒；对于水权交易监管部门和水权交易机构及其工作人员的违法、失职、滥用职权等行为，应依法予以相应的惩罚或处罚。对于水权交易市场中出现的上述各种违规违纪行为，除了追究民事责任、行政责任之外，情节严重构成犯罪的，应当追究刑事责任。

6.3.5　探索水权交易的社会参与机制

当前水权市场化改革主要通过自上而下的“层级推动—策略响应”模式加以推行，社会公众参与度较低，这在无形中提高了各层面制度推行的成本。为进一步拓展水权交易在社会影响方面的深度和广度，有效控制制度成本，有必要探索并逐步建立社会公众参与机制。第一，加大水权交易制度宣传力度。通过社会公众熟悉且方便可用的多种渠道，如网站、报刊、广播、电视等，主动宣传相关法律法规政策，保障社会公众对水权交易相关制度的知情权。此外，可以充分利用新闻媒体发布、现场咨询或电话咨询、听证会、行政会议等多种渠道广泛宣传水权交易相关政策。第二，构建水权交易监督反馈机制。制定激励措施，开通反馈渠道，鼓励各利益相关群体对包括事前、事中、事后在内的水权交易事件进行全程监督，使得社会公众在及时知晓水权交易动态信息的同时，能够合理维护自身的利益。灵活采取多种方式，广泛听取和采纳社会公众关于水权市场建设的意见和建议，要特别重视听取利益相关者对水权市场现行法律法规政策的想法，赋予更大范围的社会公众及用水户协会等基层组织以充分的建议权。

6.3.6　建立水权市场化中政府责任履行的效果评估机制

建立政府推进水权市场建设中责任履行的效果评估机制是对政府责任履行进行动态监督、提高政府责任意识的有效途径。本书主要从政府责任履行评估主体、评估指标两方面构建评估机制（图 6-3）。

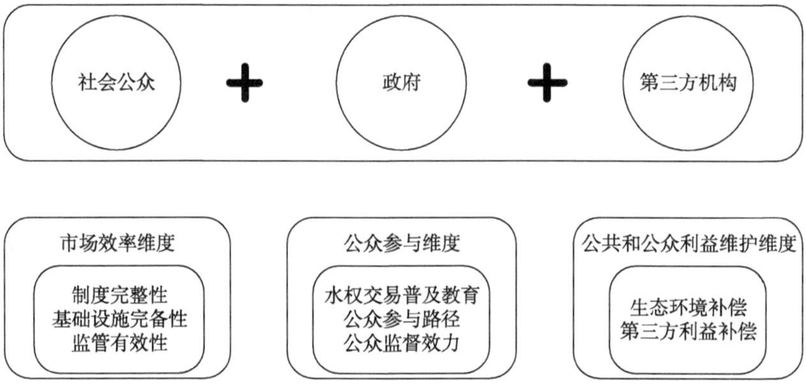

图 6-3　水权市场化中政府责任履行的效果评估机制

从公共受托责任视角来看，政府内外部存在着多个层次的委托—受托关系，各层次的上级部门作为责任委托方，构成了政府责任履行绩效评估的主体。因此，水权市场建设中政府责任履行的核心评估主体是水行政主管部门和立法执法监督机构等政府部门。以政府评估为中心，社会公众和第三方机构在这一领域的政府责任履行评估体系中同样发挥了重要作用。社会公众作为水权市场的潜在参与者和主要服务对象，也是政府行为的直接作用者，他们对政府责任履行的评估能够客观地反映政府行为的效果。同时，学术研究组织、非营利性民间团体等第三方机构与社会公众之间事实上存在委托—受托关系，尽管从表现形式来看是一种隐性、间接的关系。因此，社会公众对第三方机构给出的专业性评价结果有着天然的信赖，这就决定了第三方机构作为公众利益代表来衡量水权市场建设中政府责任履行效果的可靠性。

科学合理的责任评估标准是责任评估机制的核心。在水权市场建设的政府责任理论框架中，政府行为最终通过市场效率的提升、公众参与度的提高，以及公共和公众利益的有效维护来推动水权市场的有效运行。基于此，可从市场效率维度、公众参与维度，以及公共和公众利益维护维度分别设置评估指标来反映水权市场建设中政府责任的实际履行情况。在政府责任履行评估的实际操作中，应基于既定指标综合运用事实评估和价值评估手段。事实评估主要以各维度下具体指标的度量，以及对水权市场运行效率的测算、水权交易公众参与度的调查评估、公共和公众利益维护状况的衡量等为基础，通过对政府机构应有的责任承担与实际履行责任状况进行比较得以实现。价值评估只对政府行为在促进经济建设与社会管理的协调发展，以及对社会公正的影响等方面所发挥的作用进行评估。在水权交易中，政府责任履行的价值主要在于实现水权交易中经济效益、社会效益和生态效益的有机统一。

第 7 章　研究结论与展望

7.1　主要研究结论

本书以提高水权市场运行有效性为目标，重点围绕研制开发水权市场交易机制模拟系统，在实验室中考察不同实验设置下水权市场效率的变化，优选水权市场交易制度并合理定位政府责任等方面内容开展研究。其一，在水权市场发展现状分析方面，借鉴新制度经济学理论、福利经济学理论、不对称信息经济学理论等，结合当下国情条件，从水权的界定、水权初始分配、水权交易成本、水权交易外部效应等维度解析水权市场困境产生的成因；基于利益相关者理论，构建水权市场建设中多元主体之间的利益博弈分析框架，提出实现各利益相关者利益共赢的路径。其二，在水权市场交易机制设计理论分析方面，比较分析分散交易、双向拍卖、明码标价三种交易制度，深入剖析交易制度、市场势力、交易成本、跨期存储对水权市场效率的作用机制，重点探究交易制度的核心价格形成机制的作用机理。其三，在水权市场效率实验研究和结果分析方面，基于计算机网络系统和实验经济学实验平台软件开发水权市场交易机制的计算机模拟系统，重点对水权市场交易制度、交易环境进行模拟仿真，创建与实际经济相似的实验室水权市场环境。基于这一虚拟水权交易市场，比较不同交易制度下水权市场效率，以及水权成交数量和成交价格的差异，并考察交易成本因素、市场势力因素、跨期存储因素及其交互组合对水权市场运行效果的影响。其四，在水权市场建设中政府作为分析方面，根据政府责任的一般理论并结合水资源产权市场特殊性，从经济责任、社会责任两个维度建构水权市场建设中政府责任理论框架。结合我国水权交易实践和社会经济文化背景分析政府责任履行问题，重点探讨在当前水权市场化改革加速推进的背景下如何强化政府责任。由此，本书主要研究结论整合梳理如下。

第一，通过梳理水权市场的发展历程发现，当前我国水权市场建设中面临诸多困境，如市场发育缓慢、市场竞争机制作用发挥有限等。在此基础上运用经济学原理剖析其成因可知，当前水权市场建设的瓶颈主要在于水权界定不明晰、水权初始分配机制创新不足、水权交易成本较高及水权交易的外部效应突出等。

第二，水权市场的建设固然受到交易成本、水资源不确定性和外部性的影响，同时也受到环境条件和相关者行为复杂性的影响。而水权市场中的利益相关者由于地位和角色的不同，其决策和行为与各自的利益诉求及基于不同利益需求形成的利益冲突和矛盾密切相关。现阶段水权交易领域各利益主体间的“冲突内耗”是参与主体权责界定不清晰、市场监管体系不完善、交易信息不透明所致。因此，水权市场建设中多元主体利益平衡的关键，就是要通过划清多元利益主体的权责边界、架构制度约束体系、健全市场监管体系、搭建交易信息共享平台等方式，形成有效的权利让渡与权力制约结构，实现水权交易市场中收益的重新分配，并使多元主体之间的利益得以平衡。

第三，不同交易制度下的水权市场运行有效性存在明显差异，双向拍卖制度下水权市场有着较好的运行效果。双向拍卖制度的优势主要在于能在短期内以密集竞价的方式不断修正双方报价，从而使竞价更为彻底，带来较理想的市场成交数量，并能够有效地激发市场活力，一定程度上保证市场参与者的收益分布处于一个较为均衡的水平。该结果的获得以水权市场发展到成熟阶段，市场形成充分竞争为前提条件，虽然现阶段我国水权交易仍处于探索阶段，但本书通过实验经济学思想的引入前瞻性地模拟未来我国水权市场发展到成熟阶段的情景，可以为正在推进的水权水市场改革提供实验室证据。

第四，水权市场交易成本的存在会导致水权成交价格的上升、成交数量的下降，进而增加了社会福利损失，并引致市场效率的下降。而水权交易成本的高低，又直接受到取用水的计量监测技术、设施和能力的影响，因此水权配套设施的建设显得尤为重要。基于基础设施的公共物品属性和涉及公共利益的广泛性，需要政府在基础设施建设中承担主要投资责任，充分发挥政府公共财政的基础性、开发性和先导性作用，尤其在水权市场的培育期和成长期。

第五，当水权交易市场存在市场势力时，水权市场效率降低、成交价格和成交数量对理论均衡值呈现负向偏离，卖方个人剩余分布不均衡性和买卖双方剩余分布不均衡性均显著增强。水权的初始分配是水权交易的逻辑起点，只有合理、公平地进行水权初始分配，才能有效抑制水权市场中市场势力的出现，在条件成熟时政府应积极探索创新水权初始分配决策机制。为此，政府应积极尝试转换角色，通过设立不同层次的专门机构来履行对各省（自治区、直辖市）、市、区县用水量的初始分配职能，从而将政府对水权初始分配的决策权、执行权相分离。同时，政府应创新水权初始分配方式，通过逐步下放水权初始分配权限，在更大范围内将用水指标分解到农业社区等基层农业用水组织或者灌溉用水户，赋予并明晰农业社区和用水户水资源收益、转让等权利，提高用水户在水权市场的参与度。

第六，在水权市场交易机制中考虑水权跨期存储的设定具有重要意义。水权的跨期存储可以抗衡不可控因素对水权市场的干扰，同时通过提升产品的市场流动性，为同一单位产品寻找到更优的市场剩余。在相同交易机制下引入跨期交易能在原有基础上进一步提升水权市场的运行效率，也为包括水权持有人和水权需求方在内的市场参与者提供更多的市场选择。水行政主管部门应进行相关职能的拓展，包括当期水权配额的确定与发放、跨期水权的登记与管理、可交易跨期水权的调用与审批等。与此同时，要鼓励用水户登记当期未使用或交易的水权，设立部门进行统一管理。相应地，水行政主管部门还需对上期留置到当期进行使用或交易的水权进行合法性审批。

第七，水权市场交易机制的实现需要一定的必要条件。竞价机制的选择是水权交易制度构建的核心，然而当前我国水权市场发展尚处于培育阶段，水权交易制度保障、水权初始分配机制、基础设施建设资金供给、水权市场监管体系和舆论支持等方面的必要基础条件有待加强。作为水权市场的策划者和推动者，各级政府需要在制度供给、初始分配、财政投入、市场监管、舆论铺设等方面承担起相应的责任，完善包括法律法规保障、初始分配决策、基础设施投融资、市场监管和公众参与在内的多方面机制建设，真正激活水权市场的运行动力。

第八，世界各国水权市场发展的经验表明，一个国家在水资源管理领域要成功引入市场机制并有效运作水权市场，需要政府承担并履行相应的经济责任和社会责任，同时需要探索建立配套机制以保障政府责任的实现。现阶段，我国水权市场改革的重心在于明晰政府责任边界、强化政府职能履行，并依据我国特有国情和资源禀赋创新政府在水权市场中的公共服务方式。为进一步推进水权市场建设中政府责任体系建设，实现政府有序规划下“节水优先、空间均衡、系统治理、两手发力”的水资源优化配置，需要从健全水权交易法律法规保障机制、创新水权初始分配决策机制、完善水利基础设施投融资机制、构建水权市场监管机制、探索水权交易公众参与机制、建立水权市场建设中政府履责的效果评估机制等方面着手。

7.2　后续研究建议

在众多涉及水权水市场的研究中，运用实验经济学的思想模拟实际水权交易过程还未见先例。在研究过程中，难免受到参考文献匮乏等因素的掣肘，使得本书还存在一些不足。

本书基于利益相关者理论剖析水权市场多元主体冲突背后普遍存在的利益博弈行为，是建立在成熟水权市场的假设前提下。然而，我国水权交易所撮合的多笔水权交易案例表明，水权市场交易主体大多愿意以协议转让的方式开展交易，这主要是由于我国水权市场建设尚不成熟。因而，囿于当前我国水权市场发展所处阶段，对水权市场各利益相关主体行为偏好的分析框架与水权交易实践中显现的问题并不完全匹配。对此，如何修正假设使利益博弈分析框架与当前我国水权市场实践更加吻合，是今后值得关注的研究方向之一。

在实验方案的设计过程中，笔者深入研究了多个基于实验经济学的经典实验，在已知的范围内尽可能通过前期设置排除其他干扰因素的影响，包括被试之间关于实验的沟通、来自外界的突发性干扰、管理人员的言行对被试决策是否存在潜在暗示等各个方面。然而，事实上实验研究难以排除干扰，达到百分之百的精确。同时，关于被试皆为在校大学生这一选择是否会影响最终决策行为、被试在多轮试验中积攒的市场经验是否会影响实验结果等的质疑，也是今后实验研究中需要考虑改进的方面。

实验参数设置方面，本书在实验研究中参考了 Plott（1982）的设计，对实验参数进行了设置，但实验参数的不同是否会对实验结果产生影响尚不明确。今后的研究中可针对实验参数的不同设置进行反复多次的实验研究，以期探索出合理的实验参数设置，得出更具代表性的实验结论。

水权市场运行效率的高低，实际上是多种因素综合作用的结果。本书重点选取了交易双方的竞价机制、交易成本因素、许可证的初始分配方式、是否允许跨期存储水权这四个因素来做重点考量。水权商品交易的拍卖方式有很多类型，本实验运用的是双向拍卖机制。然而我们注意到，国外有些研究涉及其他一些拍卖机制对市场交易效率的影响，如收入中性拍卖、封标拍卖、单一价格拍卖等，这些都是非常值得进一步研究的问题。

在考虑交易成本的时候，由于其构成复杂且难以度量，因而做了简化处理，即以产品成交价格乘以相关系数后由买卖双方分摊。这一处理方式相较于实际水权市场运行中的交易成本而言事实上是不够精确的，可能会在某种程度上使得市场效率测算的最终结果有一些偏差。后续研究中可针对水权市场中交易成本的分摊问题进行深入探讨。

关于跨期存储水权这一影响因素，本实验的设置较为简单，仅考虑不允许跨期存储和允许跨一期存储两种情况，关于跨多期存储是否会带来水权市场运行效率的变动及跨期存储是否需要考虑存储费用等问题，还有待进一步探索。

附　　录

附录A　典型流域水权市场建设中利益相关者的利益冲突与平衡

——以疏勒河流域为例

在我国，依托市场实现水资源的有效配置已成为水资源管理改革和发展的方向。而2016年中国水权交易所的成立，以及2017年底七个国家水权试点验收工作的完成，标志着我国在水资源使用权确权登记、水权交易流转和水权制度建设方面取得了较大突破。七个水权试点中，在河南、广东、甘肃三个省因地制宜地开展了流域间、流域上下游及流域内行业间和用水户间等多种形式的水权交易。从实际成效来看，河南省完成了我国首例跨流域水权交易，缓解了区域水资源分布不平衡的严峻问题；广东省探索出了一套较为成熟的上下游水权交易模式，将东江流域上游的资源优势转化为了经济优势；甘肃省在水权交易中促进了生态文明建设，用水户间、行业间的水权交易为西北干旱地区的水权市场建设提供了可复制推广的独特经验。然而，各水权试点取得成效的同时也凸显出一些共性问题，如市场发展缓慢、市场竞争机制作用发挥有限等。理论研究和各国水权市场建设实践表明，流域水权市场的建设固然受到交易成本、水资源不确定性和外部性的影响，同时受到环境条件和相关者行为复杂性的影响。而水权市场中的利益相关者由于地位和角色的不同，其决策和行为与各自的利益诉求及基于不同利益需求形成的利益冲突和矛盾密切相关。尤其在我国特殊的国情因素下，流域水权市场上述问题的产生更是与水权出让方、水权受让方、各级政府、农民用水户协会等各利益相关者之间的利益冲突有关。由此，为更好地推进水权市场的健康、有效运行，本书选取疏勒河流域为研究对象，在明晰该流域水权市场中各利益相关者利益诉求的基础上，分析多方主体之间的利益冲突和矛盾，制定合理策略以达到各方利益主体行为的相互制约和利益平衡。

1　疏勒河流域概况

1.1　疏勒河流域水资源概况

疏勒河流域位于甘肃省河西走廊西端，为甘肃省三大内陆河流域之一，是青藏高原和内蒙古阿拉善高原的过渡带，南部为祁连山，北部为马鬃山残丘。流域范围包括酒泉市下辖的玉门市、瓜州县、敦煌市、肃北县、阿克塞县及张掖市肃南县一部分。该流域的河流体系由干流疏勒河，以及党河、白杨河、石油河、榆林河及阿尔金山北麓诸支流等主要支流组成。其中，干流疏勒河发源于祁连山脉的岗格尔肖合力岭冰川，经青海省天峻县，以及甘肃省肃北县、玉门市、瓜州县、敦煌市，由东向西曾流入罗布泊，全长 670 公里。干流疏勒河的流域面积为 4.13 万平方公里，多年平均地表水资源总量为 10.82 亿立方米，与地表水不重复的地下水资源总量为 0.52 亿立方米，累计水资源量为 11.34 亿立方米，人均、亩[①]均水资源量分别为 2172 立方米、555 立方米[②]。

1.2　疏勒河流域灌区建设情况

疏勒河流域内辖昌马、双塔和花海三大灌区，承担着玉门市和瓜州县境内 22 个乡镇、6 个国有农场共计 134.42 万亩耕地的农业灌溉供水，甘肃矿区等单位的工业供水，辖区生态供水以及水力发电供水等多项任务。其中，昌马灌区、双塔灌区、花海灌区分别为 69.68 万亩、46.43 万亩、18.31 万亩。截至 2017 年底，灌区内总人口 31.49 万人，其中城镇人口 16.27 万人，农村人口 15.34 万人。经过多年来的大规模水利建设，尤其是随着疏勒河综合开发项目建设的完成，该灌区已经初步构建了以蓄、引、调、排为主的多层级水利工程体系。截至 2016 年，灌区内有昌马、双塔和赤金峡三座水库，总库容 4.722 亿立方米；有干渠 17 条 445.86 公里，支干渠 11 条 116.77 公里，支渠 120 条 548.10 公里，斗渠 619 条 1105 公里，农渠 6247 条 2950 公里。总体而言，疏勒河流域灌区已经形成了较完善的灌溉系统，为甘肃省百万亩以上大型自流灌区之一。

---

① 1 亩≈666.7 平方米。

② 详见甘肃省水利厅官网介绍，http://slt.gansu.gov.cn/xxgk/gkml/jgsz/xsdw/201702/t20170227_71326.html。

1.3 水权交易试点现状及问题

为满足新增合理用水需求，促进稀缺水资源向高效率高效益方向流转，2014年疏勒河流域水权试点工作开始推行，2017年底已经顺利通过了水利部、省政府验收，取得了较好的成效。截至2018年8月底，试点区共有4个基层管理处、25个管理所、56个管理段、122个农民用水者协会，涉及农户4.42万户、17.37万人。水权确权方面，在确定了可分配水量的基础上对农业用水户进行了确权发证，对工业、生活、生态取用水户核发了取水许可证。农业综合水价改革已经完成，灌区农业水价由0.111元/米^{3}上调至0.132元/米^3（杨成财，2018）。初步建立水权交易制度和水权水市场监管体系，并根据交易需求因地制宜开展了流域灌区间、行业间及用水户间的水权交易，已完成农户和用水户协会之间水权交易56宗，累计交易水量45.15万立方米，交易金额4.66万元；完成农业与工业水权交易1笔，其中涉及9个用水户协会与玉门市的光热发电项目，交易水量为638万立方米（韦凤年，2018）。

水权交易的开展一定程度上促进了该流域水资源的优化配置和高效利用，但仍存在一系列问题，导致市场发育缓慢，作用机制不明显。

农业用水户节水意识不强。形成这一问题的原因主要有两方面：其一，试点灌区农民习惯了多年的粗放灌溉模式，对于水资源的占有和使用权利并无清晰认识；其二，缺乏标准的农业水价定价机制，虽然流域农业水价综合改革中已经上调水价，但仍与运行成本水价0.179元/米^{3}的价格相差甚远，价格无法反映流域水资源的稀缺程度，其市场杠杆作用难以促进节水。

水权交易市场有效需求不足。一方面体现在农业用水户之间的水权交易上，政府通常依据灌区农户的用水现状进行确权，从而造成农业用水户之间的水资源“余缺同步”现象产生；另一方面体现在行业间水权交易上，地方政府对主要的工业企业用水支持力度大，工业用水能够得到保障，而其他因经济下行压力造成经济效益不好的企业购买水权的需求亦不强。同时，水权交易过程中政府发挥了引导作用，对水权交易价格和可交易水权期限均进行了限制，水权交易价格的市场化形成不充分，进而导致农户的价格谈判能力不足，并不利于激活水权交易市场。

水权市场中相关管理部门职责不明晰。理论上，在水权一级市场中，政府作为所有者进行水权分配，而在二级交易市场中，政府的角色应当转变为监管者。然而，在疏勒河流域水权交易的实践中，上下级政府之间、政府与灌区供水单位之间“委托—代理”关系复杂，该流域各机构的管理职责并未明确，存在水权交叉管理现象，地方水行政主管部门对水权试点改革认识不到位，推卸责任行为时有发生，存在不正当交易风险，不利于水权交易市场的制度完善和交易开展。

水权交易过程中存在外部性效应。外部性主要体现在水权交易对农业经济发展和生态环境的影响上。从农业经济发展的角度来看，虽然短期水权交易能够促使农户节约用水，同时依托节水灌溉技术的发展提高农业额外收入，但长期来看，水权交易可能导致农业水权的流失甚至农业萎缩。从生态环境的角度来看，疏勒河流域农业用水占用水总量的94.5%，生态可用水量紧张；同时，2016年该流域工业万元产值耗水量较全国平均水平高21立方米。通过跨行业的水权交易将农业水权转移到高耗水的工业企业之后，可能导致疏勒河流域水系回流量的减少，进而造成生态环境恶化。

之所以产生以上问题，在较大程度上与该流域水权市场中利益相关者的利益诉求不同有关。水权市场利益相关者众多，利益关系复杂，各利益相关者之间由于地位和角色的不同存在利益冲突，这些冲突和矛盾阻碍了水权交易的有序撮合和水资源的高效利用，对水权市场的健康发展产生了消极影响。

2　流域水权市场利益相关者的识别与利益诉求

2.1　利益相关者的识别

利益相关者理论最初在20世纪60年代作为企业管理理论由斯坦福研究所提出。随后，学者从不同角度对利益相关者展开了研究，如Freeman（1984）从战略管理角度来认识利益相关者对企业持续经营的作用。随着研究的深入，至今已经逐渐形成了较完善的利益相关者理论框架。狭义上的利益相关者主要承袭了斯坦福研究所最初的观点，即利益相关者是一个特殊的群体，如果缺少利益相关者的支持，组织将失去存在的基石；广义上的利益相关者则主要延续了Freeman（1984）的观点，即“企业利益相关者是指那些能影响企业目标的实现或被企业目标的实现所影响的个人或群体”。目前利益相关者理论被广泛应用于生态管理、公共管理、自然资源管理等领域。基于水权市场的特性，本书认为，水权市场中的利益相关者是指在水权交易过程中对交易产生促成作用或交易完成前后利益受到影响的个人或群体。

就水权市场利益相关者的构成而言，包括农业用水户、工业用水户、农民用水户协会和政府部门等多元主体。实践中，利益冲突和矛盾导致各利益相关者之间的决策和行为存在差异。因此，对水权市场中的利益相关者进行识别并明晰其利益诉求，是分析各相关主体利益冲突并实现利益平衡的基础。对于利益相关者的分类，学者们基于不同的划分维度和标准给出了不同解读。其中，Mitchell等

（1997）提出的动态分类法——米切尔分类法具有较好的操作性，从而成为利益相关者的主要划分标准和实施办法。结合疏勒河流域水权市场运行的实际情况，本书借鉴米切尔分类法，以合法性、权力性、紧急性为参考指标，按照严格向上相关的综合判定标准对交易市场中的利益相关者进行识别，将利益主体区分为直接利益相关者、间接利益相关者、潜在利益相关者和非利益相关者，从而构建了流域水权市场利益相关者识别矩阵，如附表 A-1 所示。其中，政府部门包括国务院、水利部、自然资源部[①]、甘肃省人民政府、甘肃省水利厅、疏勒河流域水资源管理局、酒泉市县各级政府及水行政主管部门；其他包括流域水权交易涉及的除上述相关者以外的部门或群众。

附表 A-1　流域水权交易市场的利益相关者识别

利益相关者	合法性	权力性	紧急性	分类
农业用水户	高	高	高	直接利益相关者
工业用水户	高	高	高	直接利益相关者
政府部门	高	高	中	间接利益相关者
农民用水户协会	中	高	高	间接利益相关者
生态环境主管部门	中	中	高	间接利益相关者
灌区供水单位	中	中	中	间接利益相关者
生活用水管理部门	中	中	低	间接利益相关者
中介机构	低	中	低	潜在利益相关者
媒体	低	中	低	潜在利益相关者
学者	低	中	低	潜在利益相关者
其他	低	低	低	非利益相关者

2.2　利益相关者的利益诉求

为使研究结论更具代表性，本书对流域水权市场中利益相关者的利益诉求分析主要针对直接利益相关者和间接利益相关者。

（1）农业用水户的利益诉求。疏勒河流域水权试点积极引导农户间、行业间开展水权交易，农业用水户和工业用水户作为主要的交易主体，是该市场中的直接利益相关者。农业用水户通过节水措施形成灌溉节余水权并在市场中进行交易，他们既是水权交易市场中的水权出让者，也是节水工程的利益分享者。对于农业用水户而言，在满足农业用水需求的基础上，降低农业水价并以有竞争力的价格在市场上售出节余水权是他们最为关切的利益诉求。

（2）工业用水户的利益诉求。工业用水户虽然也能够通过各种措施节约用水

① 原国土资源部，于 2018 年 3 月正式更名为自然资源部。

量，但疏勒河流域内工业用水户主要作为水权交易的受让方参与到市场中。2016年疏勒河流域工业万元产值平均耗水量为74立方米，为全国平均水平的1.4倍，这主要是由于该区的工业以耗水量较大的冶炼、化工及石油工业为主，而耗水量较少的高新技术产业所占比例较小，这种特定的工业结构决定了研究区的工业用水定额要高于全国平均水平。对于工业用水户而言，以合理的价格在市场上购买水权是其最为重要的利益诉求。

（3）政府部门的利益诉求。政府部门是水资源管理改革的发起者和组织者，在水权市场中具有较大的影响力，尤其是其制定的政策和做出的决策影响着水权市场的未来发展。根据行政上的隶属关系和政策上的指导关系，政府部门可划分为中央政府和地方政府，两者在水权市场中的利益诉求也存在差异。对于中央政府而言，缓解水资源供需矛盾，制定宏观政策确保水权市场健康、有序发展是其主要的利益诉求；对于地方政府来说，既要落实中央政府决策，又要重点关注、协调流域水权市场各利益相关者的利益关系以实现当地水资源的有效配置，并促进地方经济发展。

（4）农民用水户协会的利益诉求。在疏勒河流域“水管单位＋用水户协会+农户”的管用水模式下，农民用水户协会是政府与农业用水户之间的中间桥梁，承担着编报用水计划、灌溉管理、灌排设施运行管理和维护、向灌区供水单位交纳水费等职责。农民用水户协会作为自负盈亏的非营利性组织，其运转资金来源于向农民征收的管理费和政府的水费返还。因此，在水权交易市场中农民用水户协会的利益诉求表现为以组织形式维护用水户利益，同时获取维持协会稳定运行的资金。

（5）生态环境主管部门的利益诉求。生态环境主管部门的职责之一是负责水生态环境监管。随着水权市场的发展，水权交易所引致的生态环境负外部性问题对生态环境管理部门的工作提出了新的要求，尤其是生态补偿政策的制定。部分学者从政府的角度考虑生态补偿问题，认为政府实施生态补偿的目的在于实现社会福祉最大化。然而，本书将生态环境主管部门作为水生态环境的代表方，将其作为单独的个体来考虑其与水权交易市场中各利益相关者之间的利益冲突和平衡问题。在疏勒河流域的水权市场中，生态水权被分配到生态环境主管部门，其最主要的利益诉求是争取生态补偿最大化。

（6）灌区供水单位的利益诉求。灌区供水单位的职责是从事取水、供水、排水、污水处理、水治理等多项水管理业务，作为营利性组织，其主要经济收益来自农业水费的收取。在流域水权交易市场中，各灌区供水单位的取水总量受到初始水权的限制，同时为促进水权交易的进行，势必涉及农业水价的改革，这一改革将对灌区供水单位的收益产生影响。因此，在流域水权交易市场中灌区供水单位的利益诉求是争取初始水权的最大化分配，收取水费并获得合理收益。

通过对流域水权市场利益相关者的识别和利益诉求分析可知，在该市场最直接的利益相关者是出让方（农业用水户）和受让方（农业用水户或工业用水户）。作为水权出让方，农业用水户出售灌溉节余水权并获得交易利得。作为水权受让方，农业用水户购买水权进行农业灌溉，提高农业生产收益；工业用水户将购得的水权投入工业生产并获得经济利益。在整个交易过程中，其他相关利益主体对水权交易直接相关者的行为施加影响，最终体现为对水权交易的反馈。如附图 A-1 所示，在流域水权市场中众多利益相关者形成了相互依赖又彼此制约的复杂关系。

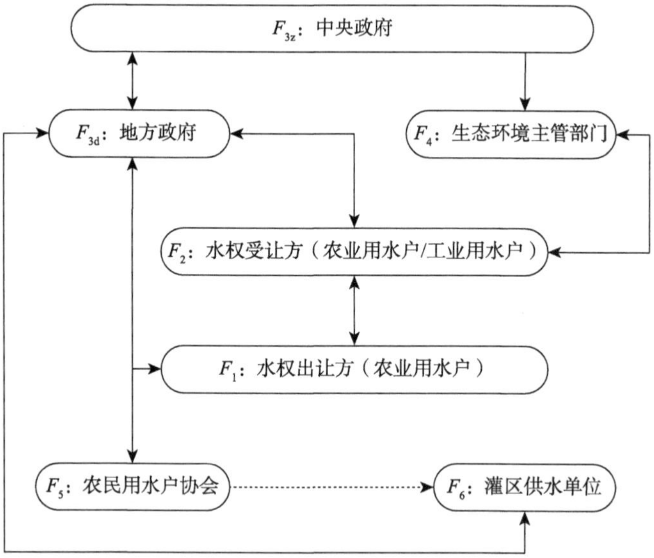

附图 A-1　疏勒河流域水权市场中的利益相关者关系框架

双向箭头表示双方存在利益冲突

3　流域水权市场利益相关者的利益冲突分析

3.1　水权出让方与水权受让方之间的利益冲突

基于前文的利益诉求分析，如附图 A-1 所示，在疏勒河流域水权市场中，多元利益主体之间形成了复杂的利益冲突。首先，水权出让方（农业用水户）和受让方（农业用水户/工业用水户）在交易损益上存在直接的利益冲突，造成冲突的原因主要在于出让方缺失对水权定价的主动权。具体而言，当受让方为农业用水户时，交易价格虽然可由交易双方协商确定，但由于水权交易多为政府主导，这使得出让方的价格谈判能力较弱。再者，政府进行水权确权时需提前对农户的灌溉面积和用水量进行调查，用水户之间存在水资源“余缺同步”现象，供需两端难以形成数量差异。另外，农户间的水权交易基准价格偏低、交易量小，这说明农业灌溉的水权需求并不急迫，一旦出让方提高水权交易价格，受让方则会以退出交易的方式试图压低价格。

当受让方为工业用水户时，因受政府干预同样存在出让方谈判能力较弱的问题。同时，疏勒河流域地方政府对工业用水支持力度较大，区域内新兴工业企业偏少，现有工业项目新增用水需求不足，即使交易价格相对于农业灌溉水权交易而言较高，受让方试图压低交易价格的行为依然存在。加之可交易水权存在用水期限约束，这使得出让方在交易中更显被动。出让方的交易收入越高意味着受让方的交易成本越高，两者之间的收益此消彼长，始终存在利益冲突。由此，该流域水权交易活跃程度不高，水权市场难以有效运行。

3.2　水权出让方与政府之间的利益冲突

农业用水户与政府之间存在利益冲突的根源在于政府对水权市场可供交易的水权数量的预期与农户实际可提供的水权数量不匹配，可从短期水资源配置和长期农业可持续发展两方面来进行分析。

短期内，两类利益主体在私人利益和公共利益提供上存在冲突。政府通过实行农业水价改革和开展节水工程建设，试图利用农业水价的杠杆作用促进农民节水，并以此增加水权市场供给；而疏勒河流域内农户已适应粗放型耕作模式，若选择引入节水灌溉技术则需要花费时间成本。加之灌区农业综合水价虽已完成阶段性改革，但现行 0.132 元/米^{3}的农业水价仍与 0.179 元/米^{3}的运行成本相差甚远，由此导致农民节水意识不强，造成水权交易市场的供给不足。

从长期来看，农业用水户和政府之间在交易收益和公共利益维护上依然存在利益冲突。假设通过政府多方面的努力促使水权交易积极开展，一旦工业部门在购买水权过程中竞相提高交易价格，则农户可能认为进行水权交易更加有利可图，进而为满足个人经济利益导致农业水权大量流失。这并不利于农业的可持续发展，甚至连带其他产业的发展受到影响，同时也使得政府的公共利益提供受损。

3.3　工业用水户与政府、生态环境主管部门之间的利益冲突

工业用水户与政府之间在经济利益和公共利益维护上存在矛盾。在疏勒河流域，政府推行行业间水权交易的目的是缓解工业用水压力，促进工业生产并以此带动当地经济发展。工业用水户作为水权交易的需求方和受益者，为获得额外水权需要付出较高成本，该成本主要由两方面构成：其一，当政府为增加水权供给而开展节水工程建设时，需要工业用水户通过节水投资分担工程建设费用，以及

部分工程运行维护费、工程更新改造费、风险补偿费等各项费用；其二，在政府主导下行业间水权交易往往定价较高。当工业用水户无法承担前期投资费用和水权交易费用时，可能会选择放弃对节水工程的投资和水权交易，从而导致流域水权市场发展出现停滞，更不利于带动地方经济发展。

工业用水户与生态环境主管部门之间在经济利益和生态补偿上存在冲突，这主要归因于行业间水权交易会对生态环境产生负外部性影响。从生态角度来看，流域内除了利用已分配的生态用水量维持生态环境，农业灌溉的回流水对生态环境的自我修复也十分重要。尤其在疏勒河流域，目前农业水权在可分配水权中的占比高达94.5%。从工业用水户的角度而言，随着经济的发展，工业企业的用水需求不断增加，需要通过水权交易弥补用水缺口以实现经济效益。然而，行业间水权交易的开展和工业高耗水的特征会在一定程度上导致地域水系回流量减少，不利于生态系统维持稳定。因此，生态环境主管部门在向政府争取生态水权的同时，期望向工业企业征收生态补偿基金，以修复行业间水权交易行为可能带来的生态环境损害。

3.4 农民用水户协会与政府、农业用水户之间的利益冲突

农民用水户协会与政府之间的利益冲突主要表现为政治利益和经济利益上的矛盾。首先，农民用水户协会独立核算的性质使得其并不满足成为非营利组织的条件。虽然协会提供的服务有助于减少政府推进水权交易过程中的纷扰和压力，但是其又无法被完全视同为政府部门，农民用水户协会的社会角色长期得不到准确定位，政治利益难以实现。其次，协会维持运转的经费一部分来源于政府的水费返还，但就目前疏勒河流域的水费返还情况来看，仅靠 0.004 元/米^3 的末级渠系水费并不能保证协会的良好运行。上述矛盾的存在可能使农民用水户协会产生懈怠情绪，难以履行应尽职责，从而形成政府推动水权市场发展中的阻力。

农民用水户协会与农业用水户之间存在经济利益上的冲突。疏勒河流域部分农民用水户协会并非通过民主选举成立，而是由村干部直接担任协会管理者。若不考虑村干部的自利行为，则双方的利益冲突主要建立在协会与政府间的经济利益矛盾基础之上，这主要表现为两方面：其一，协会在协助农户完成水权交易的过程中，可能以分成等方式截留农民应得水权交易收益；其二，为维持运转，协会可能选择向农民加收管理费。多数农业用水户缺少对水权交易收益、水费管理制度的知情权，致使其经济利益受到损失。

3.5 各级政府及其与灌区供水单位之间的利益冲突

各级政府与流域内灌区供水单位两者之间的利益冲突主要表现为经济利益和

公共利益提供上的矛盾，并且这种矛盾因农业水价改革实施强度的变化而变化。由于灌区供水单位在水利基础设施维修等方面的成本难以精确核算，故从两个方面进行假设分析：其一，若农业水价改革不到位，偏低的水价会使得灌区供水单位的经济利益受损，导致灌区供水单位不愿意履行对水利基础设施维修的义务，从而影响农业用水效率，不利于农业水权的节余和水资源的有效配置。其二，若改革后农业水价偏高，灌区供水单位能够获得更多经营利得，这虽然有助于提高其履行义务的意愿，但也容易产生寻租行为。具体而言，疏勒河流域水权配置分为两个阶段：首先，由灌区供水单位向地方政府支付一定费用获得水权；其次，供水单位将所获水权进行配送并获得水费收入。在上述过程中，供水单位可能寻求与地方政府的“合作”，通过“合作”，供水单位可以获得更多的经营水权；地方政府则可以获取一些额外收益，同时可以通过政策制定增加收益分配占比。而由于信息不对称，作为水权授权人的中央政府的收益被地方政府挤占，其自身利益难以得到保证。同时，由于地方政府与供水单位的上述行为，中央政府确保水权市场健康、有序发展的公共利益诉求也难以达成。

综上，疏勒河流域水权市场中多方利益相关者之间的利益冲突如附图 A-2 所示。

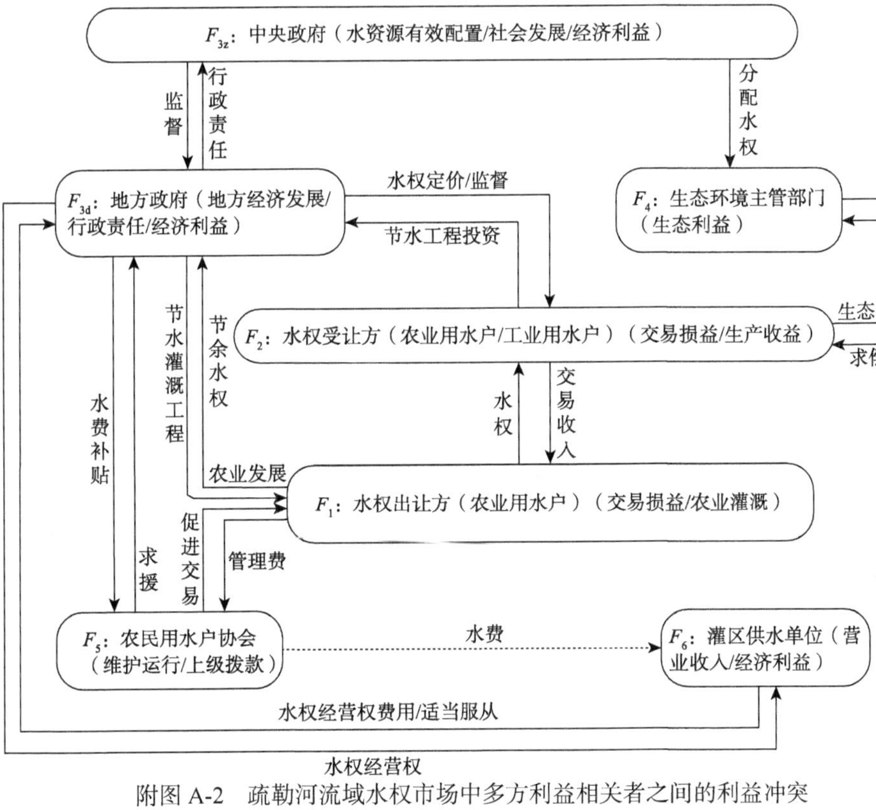

附图 A-2　疏勒河流域水权市场中多方利益相关者之间的利益冲突

4 实现流域水权市场利益相关者利益平衡的路径

4.1 水权出让方与水权受让方的利益平衡路径

通过对水权出让方和受让方之间的利益冲突的分析，可知双方的利益均衡点。出让方迫于农业水价改革压力引进节水技术进行农业灌溉，在减少无效劳动的同时售卖节余水权并获得收入。若部分农业劳动力释放所带来的物质和精神补偿加上水权交易收入的综合收益，在抵扣了上涨的农业水费成本和因引入节水灌溉技术增加的成本后仍能获得剩余收益，出让方才可能选择进行水权交易。对于受让方中的农业用水户而言，购买水权是为了满足耗水需求以实现农业生产规模效益，当因水权交易带来的预期农业生产边际收益超过单位水权交易费用和单位用水费用的总和时，农户才可能选择购买水权；而受让方中的工业用水户期望通过购买水权为工业生产储备用水，如果工业生产所得在扣除其他成本支出并补偿水权购买费用后能获得剩余收益，且该剩余收益在满足企业正常经营的条件下，其资本报酬率超过了交易前，工业用水户才可能选择进行水权交易。不难发现，水权交易价格是交易双方进行决策时共同考虑的因素，因此，剔除了各方成本费用后形成的水权交易价格是此利益博弈关系中最为重要的变量（设为 P），故出让方与受让方利益平衡的实现路径可以表示为基于变量 P 的 F_1 与 F_2 利益平衡，即 $F_1(P) \leftrightarrow F_2(P)$。

4.2 水权出让方与政府的利益平衡路径

通过对农业用水户和政府之间的利益冲突分析可知，两者在短期和长期内都存在个人利益与公共利益上的冲突和矛盾。

短期内，政府为实现水资源有效配置鼓励开展水权交易，而打开市场的关键则在于推行农业水价改革以撬动农业水权的有效供给。仅凭水费的提高很难使农户产生积极节水的意愿，只有当节余水权的交易收入和农户所享受节水工程带来的便利之和超过引入节水技术的成本和灌溉水费时，农户才会考虑配合政府的行为；当水权交易的开展有效促进了水资源的高效配置，且由此带来的地区经济效益和政府声誉超过推行水价改革的各项成本时，政府才可能大力推动农业水价改革。在此利益博弈关系中，农业水价既能影响农业用水户抉择，又受政府管控，因此为满足水权交易有效供给及利益平衡的关键在于制定合理的农业用水价格（设为 P_0）。

农业是保持国民经济健康发展，实现人民共同富裕的基础产业，水权市场的建设和水权交易的开展不能以牺牲农业经济的长期可持续发展为代价。因此，长期来看，防止水权市场过度交易产生，并保证农业经济可持续发展的关键在于政府对可交易水权的许可力度（设为 Per）。当农业用水户进行水权交易所获利润超过其预期农业生产利润，才可能选择引进节水灌溉技术节余更多农业水权用于交易；当水权交易中流失的农业用水量不至于减少农业有效灌溉面积，政府才有可能支持开展水权交易。综上所述，农业用水户与政府利益平衡的实现路径可以表示为基于变量 P_0、Per 的 F_1 与 F_3 利益平衡，即 F_1（P_0，Per）$\leftrightarrow F_3$（P_0，Per）。

4.3　工业用水户与政府、生态环境主管部门的利益平衡路径

综合前文对工业用水户与政府、生态环境主管部门之间的利益冲突分析，可构建三方利益平衡机制，假设该利益关系协调过程中政府不存在无作为行为且政府的监督职能有效。若工业用水户以水权交易收购的用水量投入生产获得的经营收入在扣除前期各项节水工程投资费用、行业水权交易费用和生态补偿费用之后仍有剩余，且剩余收益的资本报酬率仍能与企业稳定经营风险相匹配时，企业才可能选择进行水权交易；工业是推动经济发展的“助推器”，当水权交易实现了工业生产利益，且因此带动的地区经济增长效益超过节水工程建设费用和维护生态环境的监督费用，政府才可能支持水权交易的开展；当向工业企业征收的生态补偿费用达到维护生态环境的最低标准，且能抑制过度的水权交易发生，生态环境主管部门才可能会支持水权交易的开展。在三方的利益平衡机制中，工业用水户与政府、生态环境主管部门的利益平衡关键变量为前期节水工程投资费用（设为 V_1）和生态补偿费用（设为 V_2），因此实现三方利益平衡的路径可表示为 F_2（V_1）$\leftrightarrow F_3$（V_1），F_2（V_2）$\leftrightarrow F_3$（V_2）。

4.4　农民用水户协会与政府、农业用水户的利益平衡路径

农民用水户协会与政府、农业用水户之间的利益冲突存在一定的连锁反应，体现为当农民用水户协会与政府之间的利益无法协调时，农民用水户协会在政治关系和经济实力上处于天然弱势地位，进而可能通过侵占农户利益的行为来满足自身的利益诉求，反而对政府提供的公共利益造成损害。因此，实现三者之间利益平衡的第一步是要确保农民用水户协会的利益诉求，政府可通过加强对协会工作的支持力度、强调协会其社会责任等途径来化解两者之间的利益冲突，该利益博弈关系中的关键变量为政策支持力度（设为 G_1）、农民用水户协会的社会责任（设为 S_1）。另外，农民用水户协会与农业用水户之间的利益平衡点在于协会对其

社会责任的承担意愿、承担能力及承担效果与当地农户的期望相吻合，同时政府应在推进协会工作的过程中同步履行监督职责，该过程中协调农民用水户协会和农业用水户之间利益冲突的关键变量为政府的监督职责（设为 G_2）和农民用水户协会的社会责任强度（设为 S_2）。综上，三者间利益平衡的实现路径可表示为 $F_3(G_1, S_1) \leftrightarrow F_5(G_1, S_1)$，$F_1(G_2, S_2) \leftrightarrow F_5(G_2, S_2)$。

4.5　各级政府及其与灌区供水单位的利益平衡路径

通过对政府与灌区供水单位之间的利益冲突分析，可知实现双方利益平衡的关键在于农业水价的合理制定。农业水价提高后灌区供水单位所获收益在弥补其单位水利基础设施维修成本后还能有维持企业经营的剩余收益时，供水单位才可能履行应尽职责。但若水价过度提升，又会带来新的矛盾。在各级政府与灌区供水单位之间的利益平衡关系中，涉及的关键变量有农业水价 P_0、中央政府的监督职责（设为 G_{z2}）。综合以上分析，可分别表示所涉利益相关者的利益平衡关系：若农业水价过低，双方利益平衡的实现路径可表示为 $F_3(P_0) \leftrightarrow F_6(P_0)$；若农业水价过高，地方政府、中央政府与灌区供水单位三者之间利益平衡的实现路径可表示为 $F_{3d}(P_0, G_{z2}) \leftrightarrow F_{3z}(P_0, G_{z2}) \leftrightarrow F_6(P_0, G_{z2})$。

上述分析通过理论模型的构建，具体探讨了协调多方主体间利益冲突的内在机制和策略，最终表示为如附图 A-3 所示的利益平衡实现路径图。

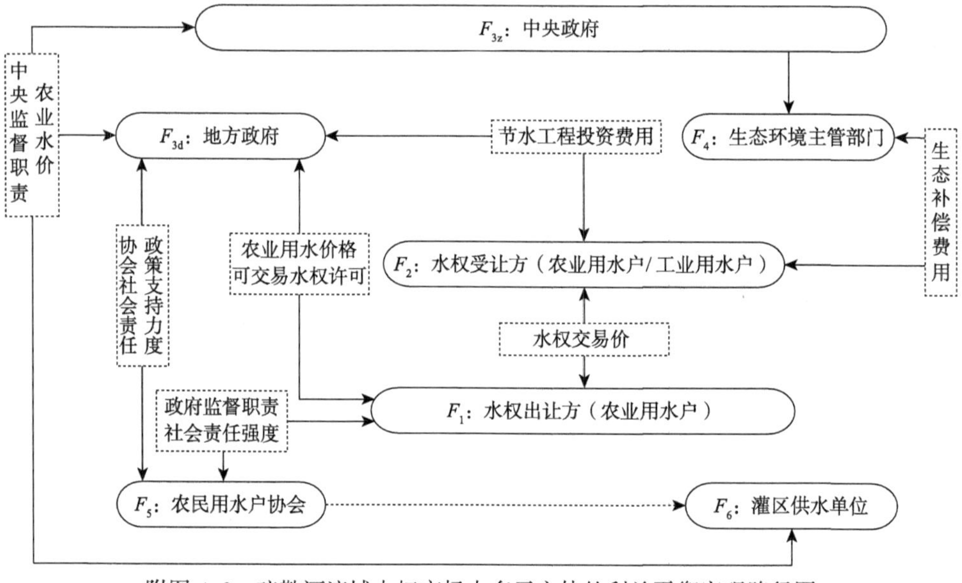

附图 A-3　疏勒河流域水权市场中多元主体的利益平衡实现路径图

5　结语

我国水权市场建设尚处于起步和培育阶段，实践中显现的问题与水权市场中利益相关者的利益诉求和冲突有着密切关系。因此，解决水权市场问题的关键在于平衡多方利益相关者的利益关系。基于疏勒河流域水权市场利益相关者的利益冲突和平衡分析，进一步地，本书提出如下建议，以提高流域水权市场运行的有效性。首先，强化市场机制在形成水权交易价格中的作用，积极探索交易价格形成的竞价模式，提高水权出让方在交易价格谈判中的主动性。其次，加强农业用水户对水资源使用价值的认知，加快农业水价改革并鼓励农民通过调整种植结构等方式节水，提高其参与水权交易的积极性。对于工业用水户的前期节水工程投资予以保证，避免产生“先消费、后买单”的消极情绪，同时健全水权交易审批制度，对过量交易或需生态补偿的跨行业水权交易行为进行约束。再次，关注并扶持农民用水户协会，加强协会内部资产透明化管理，维护农民合法权益。最后，积极发挥政府职能，推进水权市场交易开展，倒逼建立健全水权初始分配机制；明确各级政府间的职责分工，完善监督管理体制；充分鼓励社会群体监督并参与水权市场的建设。

附录B　实验者招募公告

同学您好：

诚邀您报名参加一周后在学校研究所进行的经济学实验。实验涉及多个经济决策情形，若决定报名，并最终出席实验，您将获得一定的实验报酬。另外，您将能够在每一轮实验局中获得个人收益，这些收益将通过您的决策及其他参与者的决策而得到确定。我们无法提前准确说出您的收益是多少，但一般情况下会高于您在同等时间内工作所获得的报酬数额。所有收益在实验结束之后以现金形式支付。

实验共分为90轮，每轮实验为10分钟左右。如果您有兴趣参加本实验，请提供下面要求的信息并返回这一表格。在表格提交成功后，实验组相关人员会与您电话沟通参加实验的具体时间、地点及相关细节。谢谢！

您的姓名：______________

联系方式：______________

请选择哪个时间段是您下周最可能方便的时间，可自由地选择多个时段。

□ 周一，8：30～11：30
□ 周二，8：30～11：30
□ 周三，8：30～11：30
□ 周四，8：30～11：30
□ 周五，8：30～11：30
□ 周一，14：00～17：30
□ 周二，14：00～17：30
□ 周三，14：00～17：30
□ 周四，14：00～17：30
□ 周五，14：00～17：30

附录C 实验说明

1. 一般性说明

这是一个模拟交易行为的实验。在这个实验中，我们将要构建一个虚拟市场，在一系列交易期内，一些人将会是买方，另一些人将会是卖方。接下来我们将分发两种单子：买方信息和卖方信息。单子被一一确认并且被编号，编号仅用于数据收集。如果您获得买方信息，您将在市场中担任买方；同样，如果您获得卖方信息，您将在市场中担任卖方。您所获得的信息仅供个人使用，不要告诉其他人。

这是一个没有产品差异的单一商品市场。这意味着，每个卖家提供的产品和每个买家需要购买的产品都是一样的。卖方可以自由地向任何一个或者多个买方出售产品；同样地，买方可以自由地向一个或者多个卖方购买产品。

对卖方的具体说明

在每一个市场交易期，您可以自由地销售信息单子上列示的商品。在单子第二列列出的货币量是您销售这些商品的保留成本。

您的支付计算如下：假如能够卖出商品，您将获得销售收入与成本之差。例如，您以 100 元的单价销售了两个单位的商品，总收入将是 200 元，假定信息单子表明销售两个单位商品的成本是 190 元，则在这一交易期您获得的总利润为 10 元。假如您以少于 190 元的货币量卖出两个单位商品，您将会遭受损失。您的总收入将随着几个交易期积累，并在实验结束后按一定比例折算成现金支付给您。

2. 对买方的具体说明

在每一个市场交易期，您可以自由地购买在信息单子上列示的商品。单子中列出的货币量对应的是这些商品的价值，它们代表您购买这些产品的保留价格。

您的支付计算如下：假如您能够购买到商品，您将会获得信息表上总价值与您为购买这些产品所支付总量的差额。例如，您以 105 元购买了一个单位的产品，并以 95 元购买了另外一个单位的商品，即总共为这两个单位产品支付了 200 元。假定您的信息表表明，这两个单位商品的保留价格是 210 元，则在这个交易期您将获得的利润为 10 元。假如为这两个单位商品的支付量超过 210 元，您将会遭受损失。您的总收入将随着几个交易期积累，并在实验结束后按一定比例折算成现金支付给您。

3. 对分散交易制度的具体说明

该制度下虚拟市场的交易过程如下：每位交易者在实验室中自由选择一名交易对象，买卖双方自由讨价还价直至成交；如无法达成交易，可以选择更换对象继续进行交易，直至本次实验结束。本次实验结束后，交易者需在工作人员处登记成交时间、成交数量与成交价格。

对于引入跨期存储机制的虚拟市场，在第一期市场交易结束后，买卖双方可继续在实验室中自由选择交易对象进行交易，上一个交易期未交易的产品在本期仍可继续交易。当包含两个交易期的实验结束后，交易者需在工作人员处登记成交时间、成交数量与成交价格。

4. 对双向拍卖制度的具体说明

该制度下虚拟市场的交易过程如下：每位交易者在各自计算机终端输入愿意交易的第一产品价格，系统将其显示在市场上所有交易者的界面上，其中卖家要价、买家竞价分别从高到低、从低到高依次排列。当买家竞价与卖家要价一致时，系统显示双方达成交易，而相同竞价或要价按时间优先顺序被系统接受。若第一次叫价后交易未达成，则每位交易者调整意愿成交价格，其中卖家要价应低于前一次要价，买家竞价应高于前一次竞价。重复以上过程，当卖家所有产品售完，或者买家竞价持续低于卖家要价且无人调整报价时，本次实验结束。

对于引入跨期存储机制的虚拟市场，在第一期市场交易结束后，买卖双方可继续通过计算机进行交易，上一个交易期未交易的产品在本期仍可继续交易。当卖家所有产品售完，或者买家竞价持续低于卖家要价且无人调整报价时，跨期实验结束。

5. 对明码标价制度的具体说明

该制度下虚拟市场的交易过程如下：首先卖家在各自计算机终端输入产品当期报价，以及能以该价格提供的产品数量，系统将价格信息传递给市场上所有交易者。在所有卖家标示产品价格之后，开始一个购买序列。随机抽取一名买家，该买家可在标示的价格水平上，按其可接受价格选择对应的未售完其最大产品数量的卖家进行交易。当一名买家完成购买之后，随机抽取另外一名买家，重复这一过程。当所有供给单位售完，或者各买家意愿购买价格均低于各卖家要价，则本次实验结束。

对于引入跨期存储机制的虚拟市场，在第一期市场交易结束后，买卖双方可继续通过计算机进行交易，上一个交易期未交易的产品在本期仍可继续交易。当所有供给单位售完，或者各买家意愿购买价格均低于各卖家要价，跨期实验结束。

附录D　实 验 界 面

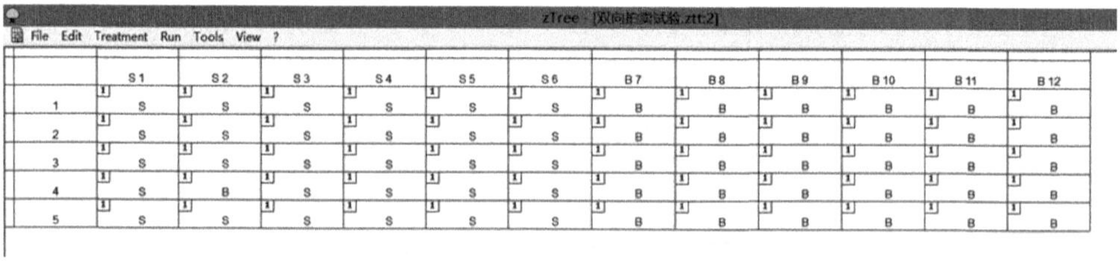

附图 D-1　实验界面（身份匹配）

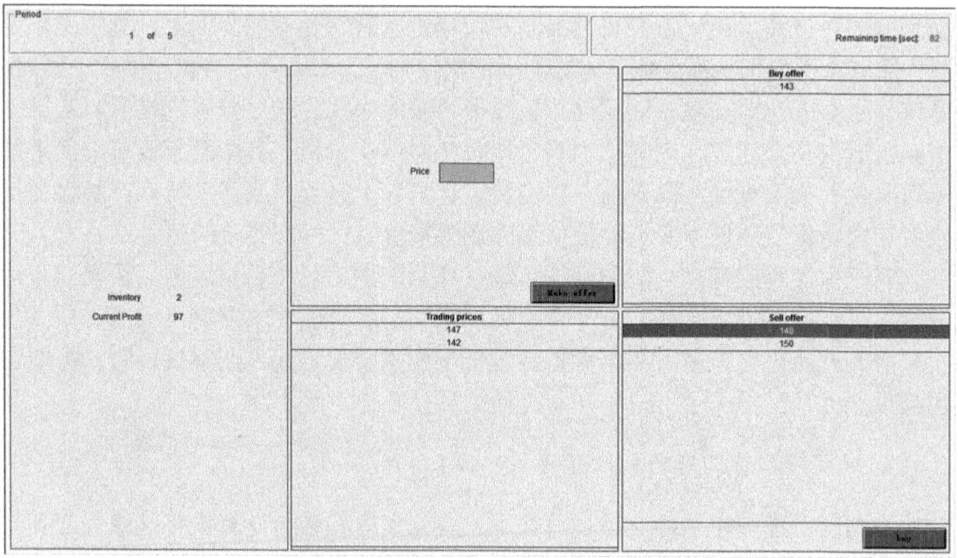

附图 D-2　实验界面（双向拍卖实验）

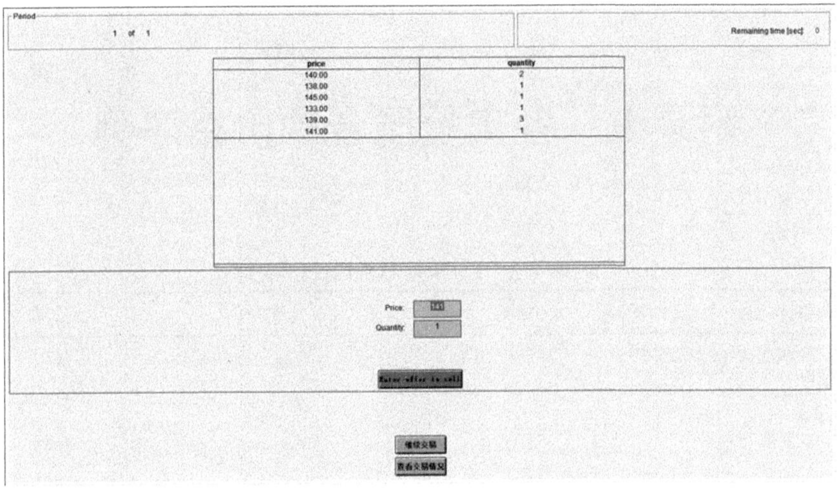

附图 D-3　实验界面（明码标价实验）

附图 D-4　实验代码界面

附录 E 各实验局合约价格序列

附表 E-1 E1 实验局合约价格序列

时间/秒	卖出方	买入方	成交价
562	S5	B2	165
555	S3	B1	150
538	S5	B2	165
486	S1	B5	140
476	S4	B4	145
470	S3	B1	155
454	S1	B5	140
390	S4	B4	155
365	S4	B4	155
358	S2	B4	160
356	S1	B6	145
330	S3	B1	155
323	S2	B3	165
299	S5	B2	160
262	S1	B6	145
255	S2	B3	160
252	S2	B4	168
208	S5	B2	160
198	S6	B1	163
146	S2	B3	160
80	S5	B2	180
58	S6	B3	167
50	S2	B3	160
48	S3	B1	160
19	S3	B1	160

附表 E-2　E2 实验局合约价格序列

时间/秒	卖出方	买入方	成交价
571	S1	B5	152
559	S6	B5	150
531	S3	B1	155
501	S5	B4	158
485	S2	B2	150
476	S1	B2	158
469	S4	B3	158
461	S6	B2	160
459	S2	B1	155
320	S4	B3	160
317	S2	B1	155
315	S5	B4	160
310	S3	B2	160
253	S3	B3	157
227	S1	B1	155
220	S1	B3	150
185	S6	B4	160
159	S2	B2	155
106	S2	B1	160
101	S3	B2	163
79	S6	B3	163
76	S5	B4	160
29	S4	B4	150
29	S2	B5	146
7	S5	B1	154

附表 E-3　E3 实验局合约价格序列

期数	卖家	S1	S2	S3	S4	S5	S6
期数	价格/数量	155/1	160/1	165/1	150/1	165/1	162/1
1	B5				150/1		
1	B1	155/1					
1	B1		160/1				
1	B4						162/1
1	B4			165/1			
1	B3					165/1	
期数	卖家	S1	S2	S3	S4	S5	S6
期数	价格/数量	159/1	163/2	168/1	158/1	170/1	163/1
2	B4				158/1		
2	B2	159/1					
2	B2		163/2				
2	B2						163/1
2	B3			168/1			
2	B1					170/1	
期数	卖家	S1	S2	S3	S4	S5	S6
期数	价格/数量	161/1	166/1	170/1	160/1	171/1	165/1
3	B4				160/1		
3	B2	161/1					
3	B3						165/1
3	B3		166/1				
3	B1			170/1			
期数	卖家	S1	S2	S3	S4	S5	S6
期数	价格/数量	162/1	166/1	170/1	160/1	171/1	165/1
4	B4	162/1					

附表 E-4　E4 实验局合约价格序列

时间/秒	卖出方	买入方	成交价
559	S6	B2	163
518	S1	B4	155
507	S3	B1	160
467	S5	B3	165
464	S5	B3	165
458	S1	B4	155
446	S3	B1	170
410	S6	B2	163
349	S6	B2	170
348	S4	B2	170
323	S3	B1	170
314	S1	B4	155
312	S5	B3	170
277	S1	B4	155
194	S4	B5	150
174	S2	B3	155
166	S6	B2	170
160	S2	B1	165
37	S2	B6	150
12	S2	B1	165

附表 E-5　E5 实验局合约价格序列

时间/秒	卖出方	买入方	成交价
573	S1	B4	155
567	S4	B1	155
554	S2	B3	157
548	S1	B4	157
541	S3	B2	158
495	S2	B3	160
478	S1	B5	155
472	S2	B2	160
437	S6	B4	160
390	S1	B1	157
386	S3	B3	163
367	S5	B4	162
341	S4	B1	165

续表

时间/秒	卖出方	买入方	成交价
281	S6	B3	168
225	S5	B1	160
175	S4	B2	164
158	S2	B2	160
128	S6	B3	168
119	S5	B1	160
104	S3	B1	160
39	S6	B2	170
24	S2	B4	153

附表 E-6　E6 实验局合约价格序列

期数	卖家	S1	S2	S3	S4	S5	S6
	价格/数量	162/1	165/1	160/1	158/1	164/1	161/1
1	B3				158/1		
				160/1			
							161/1
	B4	162/1					
						164/1	
	B2		165/1				
期数	卖家	S1	S2	S3	S4	S5	S6
	价格/数量	164/1	168/1	165/1	163/1	169/1	166/1
2	B1				163/1		
		164/1					
							166/1
	B4			165/1			
	B3		168/1				
	B2					169/1	
期数	卖家	S1	S2	S3	S4	S5	S6
	价格/数量	166/1	170/1	167/1	169/1	171/1	168/1
3	B2	166/1					
				167/1			
	B1						168/1

附表 E-7　E7 实验局合约价格序列

时间/秒	卖出方	买入方	成交价
494	S2	B4	165
366	S3	B3	160
340	S2	B3	170
319	S4	B1	175
318	S4	B1	160
281	S5	B2	165
280	S4	B1	165
251	S5	B2	170
247	S2	B4	175
232	S2	B4	165
202	S4	B1	180
106	S2	B4	160
105	S4	B1	165
100	S4	B1	150
3	S3	B3	170

附表 E-8　E8 实验局合约价格序列

时间/秒	卖出方	买入方	成交价
572	S3	B3	155
530	S2	B1	160
399	S2	B2	160
377	S4	B1	160
356	S2	B2	160
336	S5	B1	163
312	S3	B3	163
308	S2	B3	160
278	S2	B4	163
253	S4	B1	168
212	S4	B4	164
205	S4	B1	168
168	S4	B3	168
145	S5	B2	165
80	S2	B2	165
23	S2	B4	170

附表 E-9　E9 实验局合约价格序列

期数	卖家	S1	S2	S3	S4	S5	S6
期数	价格/数量		170/2	172/1	168/2	175/1	
1	B2				168/2		
1	B4		170/1				
1	B1		170/1				
1	B1			172/1			
1	B1					175/1	
期数	卖家	S1	S2	S3	S4	S5	S6
期数	价格/数量		172/2	173/1	170/1	177/1	
2	B3				170/1		
2	B3		172/2				
2	B1			173/1			
期数	卖家	S1	S2	S3	S4	S5	S6
期数	价格/数量		174/2	175/1	172/1	177/1	
3	B4				172/1		

附表 E-10　E10 实验局合约价格序列

交易期	时间/秒	卖出方	买入方	成交价
一期	536	S6	B1	160
	439	S5	B1	170
	425	S3	B3	165
	411	S1	B2	160
	373	S4	B5	150
	319	S5	B1	168
	273	S1	B2	160
	243	S6	B1	163
	224	S2	B1	175
	181	S2	B4	163
	160	S2	B4	153
	142	S2	B4	160
	89	S3	B3	165

续表

交易期	时间/秒	卖出方	买入方	成交价
一期	8105	S4	B3	168
	56	S2	B4	153
	46	S1	B2	160
	10	S1	B2	160
二期	575	S3	B4	160
	565	S1	B3	155
	564	S2	B2	160
	557	S3	B4	155
	551	S3	B4	160
	497	S2	B1	170
	497	S1	B3	157
	479	S2	B2	160
	473	S2	B2	160
	465	S5	B1	168
	410	S4	B1	160
	366	S2	B2	168
	288	S5	B1	170
	275	S1	B3	155
	264	S1	B3	145
	140	S5	B1	168
	129	S6	B3	160
	80	S3	B4	155
	33	S6	B3	163

附表 E-11　E11 实验局合约价格序列

交易期	时间/秒	卖出方	买入方	成交价
一期	574	S1	B2	160
	566	S6	B4	168

续表

交易期	时间/秒	卖出方	买入方	成交价
一期	548	S3	B1	160
	513	S1	B3	158
	486	S5	B2	169
	470	S3	B3	156
	403	S2	B4	153
	394	S6	B1	168
	393	S4	B2	164
	329	S2	B2	159
	250	S3	B3	160
	207	S4	B1	165
	180	S5	B4	164
	119	S2	B1	158
	118	S1	B3	160
	26	S1	B2	158
	21	S2	B4	154
	17	S2	B1	160
二期	550	S5	B3	160
	545	S3	B4	156
	520	S2	B1	161
	461	S1	B4	162
	453	S4	B2	160
	440	S1	B3	160
	360	S2	B4	160
	355	S6	B1	163
	304	S4	B1	160
	288	S2	B2	155
	264	S1	B2	162
	255	S3	B1	160

续表

交易期	时间/秒	卖出方	买入方	成交价
	128	S5	B3	164
	126	S1	B3	163
	125	S2	B2	155
二期	114	S3	B1	162
	95	S2	B2	160
	7	S6	B4	163
	5	S4	B3	160

附表 E-12　E12-1 实验局合约价格序列

期数	卖家	S1	S2	S3	S4	S5	S6
	价格/数量	160/1	162/1	165/1	164/1	166/1	163/1
1	B2	160/1					
			162/1				
	B4						163/1
					164/1		
	B1			165/1			
						166/1	
期数	卖家	S1	S2	S3	S4	S5	S6
	价格/数量	162/1	165/1	168/1	167/1	169/1	166/1
2	B3	162/1					
			165/1				
	B1						166/1
					167/1		
	B2			168/1			
						169/1	
期数	卖家	S1	S2	S3	S4	S5	S6
	价格/数量	164/1	168/1	170/1	171/1	173/1	172/1
3	B1	164/1					
	B3		168/1				

附表 E-13　E12-2 实验局合约价格序列

期数	卖家	S1	S2	S3	S4	S5	S6
	价格/数量	160/1	163/1	167/1	162/1	164/1	161/1
1	B3	160/1					
							161/1
					162/1		
	B2		163/1				
						164/1	
				167/1			
期数	卖家	S1	S2	S3	S4	S5	S6
	价格/数量	161/1	164/1	168/1	163/1	165/1	162/1
2	B4	161/1					
							162/1
					163/1		
	B1		164/1				
						165/1	
				168/1			
期数	卖家	S1	S2	S3	S4	S5	S6
	价格/数量	163/1	165/1	169/1	165/1	167/1	168/1
3	B4	163/1					
	B1		165/1				
					165/1		
	B2					167/1	
	B3						168/1

附表 E-14　E13 实验局合约价格序列

交易期	时间/秒	卖出方	买入方	成交价
一期	509	S4	B2	165
	506	S2	B3	165
	478	S5	B1	172
	439	S2	B3	165
	413	S4	B2	175
	336	S2	B3	160
	296	S2	B3	170
	276	S5	B1	172

续表

交易期	时间/秒	卖出方	买入方	成交价
一期	244	S4	B2	180
	232	S3	B4	162
	112	S4	B2	165
	104	S2	B3	168
	30	S4	B2	163
	15	S3	B4	160
二期	541	S2	B2	165
	535	S4	B1	165
	451	S2	B2	160
	420	S2	B2	165
	417	S3	B4	165
	372	S4	B1	168
	275	S2	B3	185
	271	S5	B4	165
	167	S5	B4	165
	152	S4	B1	170
	128	S2	B2	160
	128	S3	B4	157
	114	S2	B3	165
	112	S4	B1	163
	54	S4	B1	163
	50	S2	B3	170
	48	S2	B2	160

附表 E-15　E14 实验局合约价格序列

交易期	时间/秒	卖出方	买入方	成交价
一期	600	S3	B2	168
	550	S2	B3	165
	548	S3	B1	160
	532	S2	B1	160
	446	S4	B4	160

续表

交易期	时间/秒	卖出方	买入方	成交价
一期	382	S2	B4	160
	347	S2	B1	163
	336	S4	B3	165
	333	S4	B3	164
	278	S5	B1	168
	213	S2	B2	164
	204	S4	B2	165
	163	S2	B4	170
	151	S5	B3	160
二期	571	S2	B1	164
	570	S3	B2	160
	558	S4	B2	162
	519	S2	B1	164
	518	S5	B1	165
	494	S4	B3	165
	472	S3	B1	160
	422	S4	B3	163
	397	S2	B4	164
	373	S2	B2	164
	253	S5	B4	162
	244	S4	B2	164
	178	S2	B1	165
	173	S2	B4	165
	88	S2	B3	155
	70	S2	B2	160
	15	S2	B3	168
	13	S4	B1	166

附表 E-16　E15-1 实验局合约价格序列

期数	卖家	S1	S2	S3	S4	S5	S6
	价格/数量		169/2	173/1	167/3	175/1	
1	B1				167/3		
	B1		169/1				
	B2		169/1				
	B3			173/1			
	B3					175/1	
期数	卖家	S1	S2	S3	S4	S5	S6
	价格/数量		171/2	174/1	168/2	179/1	
2	B3				168/2		
	B2		171/2				
	B4			174/1			
期数	卖家	S1	S2	S3	S4	S5	S6
	价格/数量		172/2		173/2	170/1	
3	B2					170/1	
	B4		172/1				

附表 E-17　E15-2 实验局合约价格序列

期数	卖家	S1	S2	S3	S4	S5	S6
	价格/数量		168/2	173/1	165/2	175/1	
1	B2				165/2		
	B4		168/2				
	B3			173/1			
	B1					175/1	
期数	卖家	S1	S2	S3	S4	S5	S6
	价格/数量		169/2	175/1	168/2	177/1	
2	B4				168/1		
	B2				168/1		
	B2		169/1				
	B3		169/1				
	B1			175/1			
	B1					177/1	
期数	卖家	S1	S2	S3	S4	S5	S6
	价格/数量		170/2		171/1		
3	B1		170/1				
	B3				171/1		

参考文献

蔡守秋. 2005. 论水权体系和水市场（下）[DB /OL]. www.h2o-china.com/news/34029.html.
车小磊. 2018. 广东：探索东江流域水权改革路径[J]. 中国水利，69（19）：61-63.
陈广华，芮志文. 2010. 水权交易模式的法学探析——以水银行制度构建为视角[J]. 河海大学学报（哲学社会科学版），12（4）：48-52.
陈宏辉，贾生华. 2003. 企业社会责任观的演进与发展：基于综合性社会契约的理解[J]. 中国工业经济，20（12）：85-92.
陈菁，陈丹，代小平，等. 2008. 基于利益相关者理论的灌溉水价改革研究[J]. 节水灌溉，33（9）：40-43.
陈文艳，曹升乐. 2010. 改进的双边叫价拍卖模型在水权交易中的应用[J]. 中国农村水利水电，52（3）：123-125.
池伟松，王健，冯涛. 2002. 试析我国国有控股公司的反垄断问题[J]. 西安交通大学学报（社会科学版），22（1）：82-84.
段治平. 2003. 我国城市水价改革的历程和趋向分析[J]. 经济问题，25（2）：28-29.
冯保清. 2013. 我国节水灌溉利益相关者关系分析[J]. 中国水利，64（21）：32-34.
傅春，胡振鹏，杨志峰，等. 2001. 水权、水权转让与南水北调工程基金的设想[J]. 中国水利，52（2）：29-30，5.
关涛. 2002. 民法中的水权制度[J]. 烟台大学学报（哲学社会科学版），15（4）：389-396.
侯惠勤，范希春. 2014. 十八届三中全会精神十八讲[M]. 北京：人民出版社.
胡鞍钢，王亚华. 2001. 从东阳-义乌水权交易看我国水分配体制改革[J]. 中国水利，52（6）：35-37.
胡昌林. 2014. 论水银行制度：以水的存贷与信托为中心[D]. 昆明：昆明理工大学.
华坚，王晓玥. 2013. 基于博弈模型的水银行存水机制分析[J]. 水电能源科学，31（3）：127-130，255.
姜文来. 2003. 水资源资产论[M]. 北京：科学出版社.
金雪军，杨晓兰. 2006. 实验经济学[M]. 北京：首都经济贸易大学出版社.
科斯 R H. 1994. 论生产的制度结构[M]. 盛洪，陈郁，译. 上海：上海三联书店.
李昂，高瑞泽. 2014. 论电网公司市场势力的削弱——基于大用户直购电政策视角[J]. 中国工业经济，31（6）：147-159.
李长杰，王先甲，范文涛，等. 2006. 水市场双边叫价贝叶斯博弈模型及机制设计研究[J]. 长江流域资源与环境，15（4）：465-469.
李凌. 2005. 不完全合同理论——现代企业理论发展的新阶段[J]. 社会观察，8（10）：50-51.
刘斌. 2003. 浅议初始水权的界定[J]. 水利发展研究，3（2）：26-27，32.
刘溶剑，牛文娟，牛富. 2013. 基于个体信念调整的跨界水资源冲突演化模型设计与仿真[J]. 电子测试，（10）：3-7.
刘世庆，郭时君，林睿，等. 2016. 中国水权制度特点及水权改革探索[J]. 工程研究——跨学科视野中的工程，8（1）：12-22.
刘志彪，姜付秀，卢二坡. 2003. 资本结构与产品市场竞争强度[J]. 经济研究，（7）：60-67，91.
陆文聪，覃琼霞. 2012. 以节水和水资源优化配置为目标的水权交易机制设计[J]. 水利学报，43（3）：323-332.
马国勇，陈红. 2014. 基于利益相关者理论的生态补偿机制研究[J]. 生态经济，30（4）：33-36，49.
马晓强，韩锦绵，常云昆. 2007. 黄河水权制度变迁研究[J]. 中国经济史研究，（1）：41-47.
牟春艳. 2004. 影响企业自身的市场势力的因素探析[J]. 理论界，20（1）：26-27.
牛文娟，王慧敏，牛富. 2014. 跨界水资源冲突中地方保护主义行为的演化博弈分析[J]. 管理工程学报，28（2）：64-72.
潘海英，叶晓丹. 2018. 水权市场建设的政府作为：一个总体框架[J]. 改革，（1）：95-105.
潘闻闻. 2011. 中国建立水银行制度的理论初探[J]. 中国水利，（22）：17-19.
蒲志仲. 2008. 水资源配置市场机制研究[J]. 水利经济，26（4）：9-12，75.
乔志林. 2014. 经济学的工程设计思想与排污权交易制度的设计[J]. 西安交通大学学报（社会科学版），34（5）：45-50，64.
乔志林，费方域，秦向东. 2009. 初始分配与应用市场机制矫正外部效应——一个实验经济学研究[J]. 当代经济科学，31（2）：117-123，128.
沈满洪. 2004. 论水权交易与交易成本[J]. 人民黄河，26（7）：19-22，46.
沈满洪. 2005. 水权交易与政府创新——以东阳义乌水权交易案为例[J]. 管理世界，（6）：45-56.
盛洪. 2003. 以水治水——《关于水权体系和水资源市场的理论探讨和制度方案》的导论[DB/OL]. http://www.hwcc.gov.cn.
石玉波. 2001. 关于水权与水市场的几点认识[J]. 中国水利，（2）：31-32，5.
孙冬营，王慧敏，于晶. 2014. 基于模糊联盟合作博弈的流域水资源优化配置研究[J]. 中国人口·资源与环境，24（12）：153-158.
谭佳音，蒋大奎. 2017. 群链产业合作模式下“京津冀”区域水资源优化配置研究[J]. 中国人口·资源与环境，27（4）：160-166.
汪恕诚. 2001. 水权和水市场——谈实现水资源优化配置的经济手段[J]. 水电能源科学，19（3）：1-5.
王广宇，解建仓，张建龙，等. 2013. 基于经济行为分析理论的水银行运行机制研究[J]. 水利学报，44（8）：994-1001.
王浩，王干. 2004. 水权理论及实践问题浅析[J]. 行政与法，21（6）：89-91.
王合创，王玉福，王勇. 2019. 甘肃省疏勒河流域水权试点改革的实践与思考[J]. 水利规划与设计，（2）：14-16，23.
王佳，罗剑朝. 2006. 区域性水银行制度研究[J]. 安徽农业科学，34（13）：3239-3240.

王克强，刘红梅，黄智俊. 2006. 美国水银行的实践及对中国水银行建立的启示[J]. 生态经济，22（9）：54-57.
王亚华. 2006. 自然资源产权的制度科层理论及其应用[J]. 公共管理评论，（2）：128-136.
王转. 2011. 关于在我国西北干旱区建立水银行制度的可行性研究[D]. 兰州：兰州大学.
韦凤年. 2018. 甘肃：探索疏勒河流域水权改革[J]. 中国水利，（19）：58-60.
文怀东. 2010. 建立地下水银行的基本条件与影响因素分析[D]. 大连：辽宁师范大学.
吴玲. 2006. 和员工分享利益[J]. 管理与财富，（10）：31.
谢新民，王教河，王志璋，等. 2005. 松辽流域政府预留水量的确定原则与水银行[A]. 中国水利学会 2005 学术年会论文集——节水型社会建设的理论与实践[C]. 北京：中国水利水电出版社：112-116.
邢鸿飞，徐金海. 2006. 水权及相关范畴研究[J]. 江苏社会科学，（4）：162-168.
许长新. 2011. 区域水权论[M]. 北京：中国水利水电出版社.
杨成财. 2018. 疏勒河流域水权试点工作实践与探索[J]. 水利规划与设计，（3）：14-16.
尹云松，孟枫平，糜仲春. 2004. 流域水资源数量与质量分配双重冲突的博弈分析[J]. 数量经济技术经济研究，21（1）：136-140.
于淑娟. 2008a. 浙江区域水银行的建设及其作用研究[J]. 管理科学文摘，（5）：117-118.
于淑娟. 2008b. 水银行制度建设与运行机制实证研究[J].商业时代，（25）：63-64.
岳意定，徐向阳. 2008. 农业水资源配置的博弈分析[J]. 系统工程，26（2）：124-126.
曾次玲，张步涵. 2002. 电力市场中的市场势力问题初探[J]. 电力建设，23（5）：62-66.
曾玉珊，陆素艮. 2015. 我国水权交易模式探析[J]. 徐州工程学院学报（社会科学版），30（4）：66-71.
翟银燕，孙卫. 2002. 中国水银行制度研究[J]. 西北工业大学学报（社会科学版），22（4）：40-43.
张耀辉，卜国琴，卢云峰. 2005. 市场交易制度与市场绩效关系的实验经济学研究——对 SCP 分析范式的修正[J].中国工业经济，（12）：34-40.
张郁，吕东辉. 2007a. 中外“水银行”模式比较及对南水北调工程的启示[J]. 经济地理，27（6）：1021-1024.
张郁，吕东辉. 2007b. 美国加州“水银行”运行机制研究[J]. 世界地理研究，16（1）：32-39.
Allais M. 1953. Le comportement de l’homme rationnel devant le risque：critique des postulats et axiomes de l’Ecole Americaine[J]. Econometrica，21（4）：503-546.
Arriaza M，Gomez-Limon J A，Upton M. 2002. Local water markets for irrigation in southern Spain：a multicriteria approach[J]. The Australian Journal of Agricultural and Resource Economics，46（1）：21-43.
Arrow K J. 1969. The organization of economic activity：issues pertinent to the choice of market versus nonmarket allocation[J]. The Analysis and Evaluation of Public Expenditure：the PPB System，1：59-73.
Asgari M H，Monsef H. 2010. Market power analysis for the Iranian electricity market[J]. Energy Policy，38（10）：5582-5599.
Bannock G，Baxter R E，Rees R. 1982. Penguin Dictionary of Economics[M]. London：Penguin Reference Library.

Booker J F, Young R A. 1994. Modeling intrastate and interstate markets for Colorado River water resources[J]. Journal of Environmental Economics and Management, 26 (1): 66-87.

Brandow G E. 1969. Market power and its sources in the food industry[J]. American Journal of Agricultural Economics, 51 (1): 1-12.

Bresnahan T F. 1989. Empirical studies of industries with market power[J]. Handbook of Industrial Organization, 2: 1011-1057.

Brown-Kruse J, Elliott S R, Godby R. 1995. Strategic manipulation of pollution permit markets: an experimental approach[C]. Department of Economics Working Paper 1995-03, McMaster University.

Bruno E M, Sexton R J. 2017. The impacts of market power in agricultural groundwater markets[R]. Chicago: 2017 Agricultural and Applied Economics Association Annual Meeting.

Burke M. 2003. Australians consider novel water trading scheme[J]. Environmental Science & Technology, 37 (5): 83A-84A.

Carey J M, Sunding D L, Zilberman D. 2002. Transaction costs and trading behavior in an immature water market[J]. Environment and Development Economics, 7 (4): 733-750.

Carlsson L, Berkes F. 2005. Co-management: concepts and methodological implications[J]. Journal of Environmental Management, 75 (1): 65-76.

Cason T N. 1993. Seller incentive properties of EPA's emission trading auction[J]. Journal of Environmental Economics and Management, 25 (2): 177-195.

Cason T N, Gangadharan L. 2003. Transactions costs in tradable permit markets: an experimental study of pollution market designs[J]. Journal of Regulatory Economics, 23 (2): 145-165.

Chamberlin E H. 1933. The Theory of Monopolistic Competition[M]. Cambridge: Harvard University Press.

Chamberlin E H. 1948. An experimental imperfect market[J]. Journal of Political Economy, 56 (2): 95-108.

Charkham J P. 1992. Corporate governance: lessons from abroad[J]. European Business Journal, 4 (2): 8-17.

Clarkson M B E. 1995. A stakeholder framework for analyzing and evaluating corporate social performance[J]. Academy of Management Review, 20 (1): 92-117.

Coase R H. 1937. The nature of the firm[J]. Economica, 4 (16): 386-405.

Crase L, Dollery B, Lockwood M. 2002. Transaction Costs and Welfare in the Permanent Water Market in NSW[R]. Canberra: 2002 Conference (46th) Australian Agricultural and Resource Economics Society.

da Silva V, de Oliveira S, Hoekstra A, et al. 2016. Water footprint and virtual water trade of Brazil[J]. Water, 8 (11): 517.

Davis D D, Holt C A. 1993. Experimental Economics[M]. Princeton: Princeton University Press.

Dyer D, Kagel J H, Levin D. 1989. A comparison of naive and experienced bidders in common value offer auctions: a laboratory analysis[J]. The Economic Journal, 99 (394): 108-115.

Easter K W, Rosegrant M W, Dinar A. 1998. Markets for Water: Potential and Performance[M].

Norwell：Kluwer Academic Publishers.
Erfani T，Binions O，Harou J J. 2014. Simulating water markets with transaction costs[J]. Water Resources Research，50（6）：4726-4745.
Fader M，Rost S，Müller C，et al. 2010. Virtual water content of temperate cereals and maize：present and potential future patterns[J]. Journal of Hydrology，384（3）：218-231.
Fang F，Easter K W，Brezonik P L. 2005. Point - nonpoint source water quality trading：a case study in the Minnesota River Basin[J]. Journal of the American Water Resources Association，41（3）：645-657.
Franciosi R，Isaac R M，Pingry D E，et al. 1993. Extension of research into marketable emissions permits[P]. University of Arizona，Department of Economics.
Frederick W C. 1988. Business and Society：Corporate Strategy，Public Policy，Ethics [M]. New York：McGraw- Hill Companies.
Freeman R E. 1984. Strategic Management：A Stakeholder Approach[M]. Boston：Pitman.
Furber A，Medema W，Adamowski J，et al. 2016. Conflict management in participatory approaches to water management：a case study of Lake Ontario and the St. Lawrence River Regulation[J]. Water，8（7）：280.
Godby R. 1999. Market power in emission permit double auctions[J]. Research in Experimental Economics，7：121-162.
Godby R. 2000. Market power and emissions trading：theory and laboratory results[J]. Pacific Economic Review，5（3）：349-363.
Gorredale E. 1992. The Dublin statement on water and sustainable development[J]. Environmental Conservation，19（2）：181.
Harberger A C. 1954. Monopoly and resource allocation[J]. American Economic Review，5（2）：77-92.
Hearne R R，Easter K W. 1995. Water allocation and water markets：an analysis of gains from trade in Chile[J]. World Bank Technical Paper，315：75.
Hearne R R，Easter K W. 1997. The economic and financial gains from water markets in Chile[J]. Agricultural Economics，15（3）：187-199.
Hizen Y，Saijo T. 2001. Designing GHG emissions trading institutions in the Kyoto protocol：an experimental approach[J]. Environmental Modelling & Software，16（6）：533-543.
Hung M F，Shaw D，Chie B T. 2014. Water trading：locational water rights，economic efficiency，and third-party effect[J]. Water，6（3）：723-744.
Jaeger W K. 2004. Potential benefits of water banks and water transfers[R]. Water Allocation in Klamath Reclamation Project Brief # 2.
Kahneman D，Tversky A. 1979. Prospect theory：an analysis of decision under risk[J]. Econometrica，47（2）：263-291.
Kamerschen D R. 1966. An estimation of the “welfare losses” from monopoly in the American economy[J]. Economic Inquiry，4（3）：221-236.
Landes W M，Posner R A. 1981. Market power in antitrust cases[J]. Harvard Law Review，94（5）：

937-996.

Laylin J G, LeMarquand D G. 1978. International rivers: the politics of cooperation[J]. American Journal of International Law, 72 (3): 686-687.

Ledyard J O, Szakaly-Moore K. 1994. Designing organizations for trading pollution rights[J]. Journal of Economic Behavior & Organization, 25 (2): 167-196.

Lerner A P. 1934. The concept of monopoly and the measurement of monopoly power[J]. The Review of Economic Studies, 1 (3): 157-175.

Lichtenstein S, Slovic P. 1971. Reversals of preference between bids and choices in gambling decisions[J]. Journal of Experimental Psychology, 89 (1): 46-55.

Liebeler W J. 1977. Market power and competitive superiority in concentrated industries[J]. University of California Los Angeles Reviews, 25: 1231.

Lund J R. 1993. Transaction risk versus transaction costs in water transfers[J]. Water Resources Research, 29 (9): 3103-3107.

Luo B, Maqsood I, Yin Y Y, et al. 2003. Adaption to climate change through water trading under uncertainty-an inexact two-stage nonlinear programming approach[J]. Journal of Environmental Informatics, 2 (2): 58-68.

Macdonnell L J. 1997. Sustainable use of water resources[J]. Natural Resources & Environment, 12(2): 97-146.

Mann H B, Whitney D R. 1947. On a test of whether one of two random variables is stochastically larger than the other[J]. Annals of Mathematical Statistics, 18 (1): 50-60.

Marino M, Kemper K E. 1999. Institutional frameworks in successful water markets[J]. Southeast Studies, 76 (65 ~ 66): 16.

Mianabadi H, Mostert E, Zarghami M, et al. 2014. A new bankruptcy method for conflict resolution in water resources allocation[J]. Journal of Environmental Management, 144: 152-159.

Mitchell R K, Agle B R, Wood D J. 1997. Toward a theory of stakeholder identification and salience: defining the principle of who and what really counts[J]. Academy of Management Review, 22(4): 853-886.

Montero J P. 1998. Marketable pollution permits with uncertainty and transaction costs[J]. Resource and Energy Economics, 20 (1): 27-50.

Narayanan R, Beladi H, Hansen R D, et al. 1987. Feasibility of seasonal water pricing considering metering costs[J]. Journal of the American Water Resources Association, 23 (6): 1091-1099.

Nickum J E, Easter K WI. 1991. The application of transaction cost economics to Asian-Pacific metropolitan water-use issues[J]. Regional Development Dialogue, 12 (4): 3-15.

Plott C R. 1982. Industrial organization theory and experimental economics[J]. Journal of Economic Literature, 20 (4): 1485-1527.

Robinson J. 1933. The Economics of Imperfect Competition[M]. London: Palgrave Macmillan.

Saleh Y, Gürler Ü, Berk E. 2011. Centralized and decentralized management of groundwater with multiple users[J]. European Journal of Operational Research, 215 (1): 244-256.

Savage G T, Nix T W, Whitehead C J, et al. 1991. Strategies for assessing and managing

organizational stakeholders[J]. Academy of Management Perspectives，5（2）：61-75.
Savenije H H G. 2002. Why water is not an ordinary economic good，or why the girl is special[J]. Physics and Chemistry of the Earth，27（11）：741-744.
Smith V L. 1962. An experimental study of competitive market behavior[J]. Journal of Political Economy，70（2）：111-137.
Smith V L. 1981. An empirical study of decentralized institutions of monopoly restraint[A]. Horwich C，Quirk J. Essays in Contemporary Fields of Economics in Honor of Emanuel T. Weiler[C]. West Lafayette：Purdue University Press：83-106.
Smith V L. 1994. Economics in the laboratory[J]. Journal of Economic Perspectives，8（1）：113-131.
Stanford Research Institute Memorandum，1964[ER/OL]. Available http://onlinebooks.library.upenn.edu/webbin/book/lookupname?key=Stanford%20Research%20Institute.
Sterle K，Singletary L. 2017. Adapting to variable water supply in the Truckee-Carson river system，western USA[J]. Water，9（10）：768.
Swatuk L A. 2015. Water conflict and cooperation in Southern Africa[J]. Wiley Interdisciplinary Reviews：Water，2（3）：215-230.
Takayama T，Judge G. 1971. Spatial and Temporal Price and Allocation Models[M]. Amsterdam & London：North-Holland Publishing Company.
Tucker A W. 1980. A Two-Person Dilemma[P]. Working Paper.
Utton M A. 1995. Market Dominance and Antitrust Policy[M]. Cheltenham：Edward Elgar Publishing.
Vaux H J，Howitt R E. 1984. Managing water scarcity：an evaluation of interregional transfers[J]. Water Resources Research，20（7）：785-792.
Wang Y H. 2012. A simulation of water markets with transaction costs[J]. Agricultural Water Management，103：54-61.
Wheeler D，Sillanpää M. 1998. Including the stakeholders：the business case[J]. Long Range Planning，31（2）：201-210.
Willamson. 1975. Industrial Market Structure and Economic Performance[M]. Boston：Houghton Mifflin Press.
Wurbs R A. 2005. Texas water availability modeling system[J]. Journal of Water Resources Planning and Management，131（4）：270-279.
Zhang Y. 2006. Inspirations of water bank in California to water resources allocation of South to-North Water Transfer Project in China[J]. Journal of Economics of Water Resources，24（10）：62-64.

后　记

在各级政府的高度重视下，依托市场实现水资源有效配置已成为我国水资源管理改革和发展的未来方向。水权市场能否有效运行的关键在于市场交易机制设计是否合理，同时水权市场建设也离不开政府的顶层设计和宏观管理。基于上述认识，笔者于 2015 年申请了国家社会科学基金项目并获得立项。本书依托该基金项目的研究工作和成果，经过多次修改、完善而完成。付梓成书之际，我向所有对我的研究工作给予支持和帮助的单位和个人致以诚挚的感谢。

四年有余的研究中，感谢叶晓丹、周婷、王静祥、向鹏超、李姝敏、陆敏、贾婷婷、胡庆芳、汪欣、朱彬让、周敏、吴雨濛、史梦、王妮、朱忆丹、张倩等诸多研究生在调研问卷设计、实地调研开展、实验组织实施、实验数据整理和分析、文献资料检索和整理、文稿校对等方面给予的支持。他（她）们所做的大量工作为本书的顺利完成奠定了良好的基础。

感谢时任甘肃省水利厅水资源处的刘宗平处长，疏勒河流域水资源管理局的崔宝剑副处长、李亚林科长，以及上述机构的其他相关人员。在开展专题调研的过程中，他们详细介绍了甘肃省水资源、水权水市场建设基本情况，提供了该省水资源公报、水资源综合规划、水权制度建设等相关资料，并协助完成了该流域水权确权、水权交易开展情况的问卷调查。这使得我们形成了对国家水权试点——疏勒河流域水权市场建设情况的整体认知。

本书的出版受益于国家社会科学基金项目“效率导向下地区水市场交易机制设计与政府责任研究”（编号：15BJY053），以及中央高校基本科研业务费项目（编号：2019B36514）。同时，还受益于河海大学科技处、社科处和商学院为本书出版提供的经费资助。本书写作中参考和援引了国内外相关领域学者的研究成果，并已在参考文献中列出，在此一并致谢。

囿于本人理论和学术水平，本书中可能存在一些不足或不当之处，恳请读者批评指正，以期今后对该领域的研究能够不断深化。